Joseph Bach

Die Osterfest-Berechnung in alter und neuer Zeit

Ein Beitrag zur christlichen Chronologie

DOGMA

Joseph Bach

Die Osterfest-Berechnung in alter und neuer Zeit

Ein Beitrag zur christlichen Chronologie

ISBN/EAN: 9783955076719

Auflage: 1

Erscheinungsjahr: 2012

Erscheinungsort: Bremen, Deutschland

DIE
OSTERFEST-BERECHNUNG
IN ALTER UND NEUER ZEIT.

EIN BEITRAG ZUR CHRISTLICHEN CHRONOLOGIE.

VON

Dr JOSEPH BACH,

DIREKTOR DES BISCHÖFL. GYMNASIUMS ZU STRASSBURG I. E.

FREIBURG IM BREISGAU.
HERDERSCHE VERLAGSHANDLUNG.
1907.
BERLIN, KARLSRUHE, MÜNCHEN, STRASSBURG WIEN UND ST. LOUIS, MO.

Strassburg, Buchdruckerei des „Elsässer". — 1853.

Inhalts-Verzeichnis.

Vorbemerkung.

Der christliche Kalender, nach dem wir das kirchliche wie das bürgerliche Leben zeitlich ordnen, ist seiner vornehmsten Bestimmung nach Festkalender. Je nachdem der Jahrestag eines Festes sich verschiebt oder unverändert bleibt, zerfallen die Feste des Kirchenjahres in zwei Gruppen, in b e w e g l i c h e und un b e w e g l i c h e. Jene richten sich nach dem O s t e r f e s t e, das nicht bloss selbst wieder von dem wechselnden Frühlingsvollmond abhängig, sondern auch an den zeitlich stets wandelnden Sonntag gebunden ist. Aber auch die unbeweglichen Feste, deren Jahrestag stets derselbe ist, stehen im Bannkreise des Ostertages, da von diesem aus Schlüsse auf den mit dem Sonntag wechselnden Wochentag am leichtesten möglich sind.[1] Schon diese flüchtigen Hinweise zeigen, dass Ostern Zentrum und Ausgangspunkt des christlichen Fest- und Jahreskalenders ist; es ist die Grundlage, auf der sich das ganze Gebäude des Kirchenfestjahres aufgebaut hat. Mit Recht nennt daher die Kirche im Martyrologium die Osterfeier *solemnitas solemnitatum,* sagt der heilige Papst Leo d. Gr. (Sermo 47): „*In omnibus solemnitatibus christianis non ignoramus paschale sacramentum esse principium.*" Es erhellt ferner, wie wichtig die richtige Bestimmung des Osterdatums für das kirchliche und bürgerliche Leben sowie für die chronologische Festlegung historischer Tatsachen ist. Ostern ist so zu sagen der geometrische Ort, von dem aus die für die Historiker oft so hochwichtigen Datumsprobleme erschlossen werden können.

Ob dieser nach allen Seiten hohen Bedeutung des Osterfestes beschäftigte man sich in früherer Zeit, wo unsere bequemen Kalender und bis ins einzelne gehenden kalendarischen Tabellen noch unbekannt waren, viel und eifrig mit der Bestimmung seines jährlich wechselnden Termins und des Datums der von ihm abhängenden Feste; eine derartige Festberechnung nannte man „Computus" (Berechnung) und die Leute, die sich dieser Arbeit widmeten, „Computisten". Den Geistlichen des Mittelalters, denen vorzugsweise die Pflege der Wissenschaft oblag und die ja schon durch ihren Beruf an einer festen Gottesdienstordnung am meisten interessiert waren, wurde eine derartige Beschäftigung nachdrück-

---

[1] Hierauf beruht mein „Immerwährender Kalender" (Strassburg, Selbstverlag 1906). Er gibt auf sehr kleinem Raum 1. die Osterdaten von 1 vor Chr. bis 2135 nach Chr. (von 1583 ab julianisch und gregorianisch), mit Benutzung dieser Termine 2. die Daten der übrigen beweglichen Feste, 3. die Wochentage aller Jahresdaten, dazu ein nach Jahrestagen geordnetes Heiligenverzeichnis (Kalendarium der gewöhnlichen Art) und eine genaue Übersicht über die Zeit der Einführung des gregorianischen Kalenders.

lichst empfohlen oder gar zur Pflicht gemacht. So z. B. schreibt Cassiodor, ein römischer Senator (480—575), in seiner Schrift „De institutione divinarum litterarum" den Mönchen in Vivarium: „*Pinacem Dionysii* (die Ostertafel des Abtes Dionysius) *discite breviter comprehensum.*" Sodann wird uns berichtet,[1] dass von den Geistlichen unter Karl dem Grossen, der nach dem Zeugnis seines Biographen Einhard selbst die Ostertechnik lernte, die genaue Kenntnis des Computus verlangt wurde. Und der römische Kanonist Durandus (1237—1296) sagt in dieser Beziehung:[2] „Nach einer Bemerkung des hl. Augustinus sind die Priester verpflichtet, den Computus zu kennen; sonst verdienen sie nicht, Priester zu heissen. Darunter verstehen wir die Kenntnis des Verlaufs des Sonnen- und Mondjahres und der Einrichtung des Kalenders; der Computus besteht nämlich darin, die Zeit nach dem allmählichen Vorwärtsschreiten der Sonne und des Mondes richtig zu ordnen." [3] Fast alle mittelalterlichen liturgischen Werke sind daher mit Kalendern und mit einer mehr oder weniger ausführlichen Belehrung über den Computus versehen.[4] Auch die gelehrte Äbtissin Herrad von Landsberg (12. Jahrhundert) gibt in ihrem berühmten encyklopädischen Werke „Hortus deliciarum" eine derartige Anleitung.[5]

Wie anders ist es heutzutage! Jetzt beschäftigen sich nur mehr wenige mit diesem chronologischen Gegenstande, selbst die Angehörigen des Gelehrtenstandes nicht. E. Schwartz spricht in seinem vortrefflichen Werke „Christliche und jüdische Ostertafeln" (Berlin 1906) mit einer gewissen Ironie mehrmals die

---

[1] Monument. Germ. hist. LL. 1, 65. 107. 125 und sonst. Vgl. auch Hoffmans Einleitung zu den komputistischen Werken des Dionysius Exiguus bei Migne Patrol. lat. LXVII S. 471 Anm. b.

[2] Rationale divin. offic. VIII c. 1.

[3] Hier ist der Begriff des Wortes Computus nicht so eng begrenzt wie gewöhnlich.

[4] Kalendarien vom 7. bis 11. Jahrhundert sind aufgezählt von Kellner, Heortologie (Freiburg 1906) S. 288 ff.; diese und noch viele andere sind herausgegeben von Martène-Durand, Mignet, Misset und Weales, Piper, Grotefend, Chevalier, Lechner, d'Achery u. a.

[5] Vgl. die fragmentarische Abbildung ihres Kalenders in dem durch die Société pour la conservation des monuments hist. de l'Alsace (texte explic. par le chan. G. Keller) herausgegebenen „Hortus delic.", planche 78; ferner Piper, Die Kalendarien etc. sowie der Computus der Herrad von Landsperg (Berlin 1862) S. 21 ff. — Eine zutreffende, wenn auch etwas umständliche Anweisung für die Osterberechnung gibt in seinem nur handschriftlich erhaltenen, jetzt im Besitze des Strassburger Buchhändlers G. Fehn befindlichen Werkchen der Kapuzinerpater Raphael; es hat den Titel: „Erklärung aller notwendigen Regeln einen immerwährenden Kirchen-Kalender zu verfertigen durch P. Raphael Kapuziner A. 1779." In der Vorrede sagt der Verfasser: „Weilen die *Rubrica Breviari* sehr dunkel, und die beweglichen Feste nur bis 1900 anzeiget, so habe ich dieses Werklein zu einer dienlichen Erklärung verfertiget, und den Liebhabern alle Mittel und Wege, dieselbe leicht zu finden, zu erkennen geben wollen ..." Am Schluss der Vorrede heisst es: „gemacht in Strasburg 1779." Das Büchlein, das 63 schön beschriebene Seiten in 8° zählt, liefert die gregorianischen Osterdaten der Jahre 1780—2080 mit mancherlei Zutaten.

Meinung aus, dass wohl nur wenige seine diesbezüglichen Ausführungen, die sich durch grossen Scharfsinn auszeichnen, lesen würden. Dieser Mangel des Interesses für einen auf die Kulturgeschichte der christlichen Zeit•höchst einflussreichen Wissenszweig hat wohl zwei Gründe: Wir leben im papiernen Zeitalter, in den Tagen der fast raffiniert entwickelten Druckkunst; da gibt es so viele Kalender und sonstige Werke mit Ostertabellen, dass sie die eingehende Beschäftigung mit derartigen Fragen als überflüssig erscheinen lassen. Andererseits sind die neueren Werke über diesen Zweig der Chronologie meist so unklar und verworren, dass sie zur Lektüre nicht einladen, vielmehr davon abschrecken. Einige dieser Werke machen den Eindruck, als seien ihre Verfasser von der Ansicht ausgegangen, dass Unklarheit der Darstellung ein besonders empfehlender Vorzug eines Buches sei. Die Entwicklung der Osterberechnung ist bald zu fachmännisch gelehrt, bald zu weitschichtig und verschwommen, so dass das Verständnis ein langwieriges und mühevolles Studium erfordert, bei dem der schliessliche Erfolg der aufgewandten Mühe nicht entspricht. Wer beispielsweise die Darstellung der Osterdatierung in den bekanntesten Werken neuerer Zeit (Matzka, Brockmann, Brinkmeier, Lersch, Rühl, Las Matrie usw.) oder in Werken wie in Hartmanns *Repertorium rituum* oder in der dem gleichen Zwecke dienenden kalendarischen Einleitung zum *Missale Romanum* und zum Brevier verfolgt, der legt nicht selten ratlos das Buch zur Seite, weil er schliesslich aus dem endlosen Gewirre von Zeichen, Formeln und Tabellen, deren Anordnung ein einheitliches System vermissen lässt, nicht klug werden kann. In einigen Werken ist die Darstellung gar mit Fehlern belastet; so z. B. gibt Brinkmeier, Handbuch der historischen Chronologie (Berlin 1882) S. 104 und Nirschl, Propädeutik der Kirchengeschichte (Mainz 1888) S. 283 ein Verfahren an, das im gregorianischen Stil öfters unrichtige Osterdaten liefert.

Und doch verdient dieser Gegenstand die ernste Beachtung aller derjenigen, die sich mit chronologischen, weltgeschichtlichen oder kulturhistorischen Studien irgendwie befassen, einmal wegen seiner praktischen Bedeutung, die für den Historiker bezüglich der richtigen Bestimmung früherer Datumsangaben auf der Hand liegt, sodann in höherem Grade wegen seiner kulturgeschichtlichen Bedeutung. Gab doch in den acht ersten christlichen Jahrhunderten die Osterfestfrage Veranlassung zu zahlreichen Schriften belehrenden und polemischen Inhaltes, zu vielen Synoden, zu klösterlichen Zwistigkeiten, zur Vertreibung von Bischöfen und Mönchen, ja sogar zu Kriegen. Ähnliche weitgehende Streitigkeiten schlossen sich an die gegen Ende des 16. Jahrhunderts vorgenommene Reform des christlichen Kalenders, die vornehmlich im Interesse einer zeitlich richtigen Feier des Osterfestes erfolgte.

Eine klare, durchsichtige und gemeinverständliche Darstellung der Osterbestimmung ist nicht schwer. Im Folgenden wird eine solche versucht werden.

Ausserdem erstrebt die Arbeit eine erschöpfende Darstellung des Stoffes und verfolgt zugleich einen praktischen Zweck, dem die drei bzw. vier Tabellen des Anhanges und die arithmetischen Formeln gewidmet sind. Die Tabellen genügen demjenigen, der nur ein Osterdatum finden will, ohne eine klare Einsicht in den Zusammenhang der kalendarischen Frage zu erstreben.

Um die Übersichtlichkeit der Darstellung zu erleichtern, habe ich verschiedene Partien, die zum Verständnis des Ganzen nicht unbedingt nötig sind, den Anmerkungen überwiesen; diese können ohne Schaden ungelesen bleiben.

Zum Verständnis der ganzen Osterfrage ist aber auch eine geschichtliche Darstellung der Entstehung der seit dem nicänischen Konzil allmählich in Gebrauch gekommenen und etwa von der Zeit Karls des Grossen (768—814) bis heute allgemein üblichen Osterbestimmung nötig. Deshalb ist auch diese, freilich mehr summarisch, gegeben. Somit zerfällt die Arbeit in zwei Hauptteile, von denen der erste geschichtlichen Charakter hat, der zweite die technischen Mittel der Osterberechnung und alle damit in Zusammenhang stehenden Fragen erörtert.

Erster Teil.

Geschichte der Osterberechnung. Der Osterstreit.[1]

I. Allgemeines über Ostern.

Die Kultur des Christentums beruht in ästhetisch-intellektueller Beziehung auf dem hellenisch-römischen Klassizismus, nach der ethischen Seite auf dem mosaischen Offenbarungsglauben, in liturgischer Beziehung auf der jüdischen Gottesdienstordnung. Ein treues Abbild ihres Werdeganges ist der alt- und neuchristliche Festkalender. Das Astronomisch-Zahlenmässige hat er dem heidnischen Klassizismus, das Religiös-Liturgische in seinen ersten Anfängen dem Judentum entlehnt. Beide Elemente hat er unter geschickter Anpassung an die christlich-religiösen Bedürfnisse sachgemäss weiterentwickelt.

Zentralpunkt der christlichen Festordnung ist das Osterfest. Da das Christentum in der Urzeit mit der Synagoge noch in der innigsten Fühlung stand, und der Erlösungstod des Herrn und die Ausgiessung des Heiligen Geistes auf die beiden jüdischen Hauptfeste, *Passah* und *Pentecoste*, fielen, so war es sehr natürlich, dass Ostern und Pfingsten, wenn auch die Festidee bei den Christen eine höhere geworden war, hinsichtlich der Zeit in Abhängigkeit von der jüdischen Festordnung geriet. Es sind aber jüdisches Passah und christliches Osterfest auch inhaltlich miteinander verwandt, indem sie sich zu einander wie Vorbild und Vollendung verhalten. Das Passah ist die Erinnerung an den Auszug der Israeliten aus Ägypten, somit die Erinnerung an die Erlösung von drückender, schwerer Knechtschaft; ebenso ist das christliche Osterfest dem neuen Bundesvolk die Bürgschaft der

---

[1] Für diesen historischen Teil vgl. D u c h e s n e, *La question de la Pâque au Concile de Nicée* (*Revue des questions hist.* XXVIII [1880] S. 5 ff.); K r u s c h, Studien zur christl.-mittelalterl. Chronologie (Leipzig 1880), ferner: Einführung des griechischen Paschalritus im Abendland (Neues Archiv d. Gesellsch. f. ält. deutsche Geschichtskunde IX [1884] S. 99 ff.); J o s. S c h m i d, Die Osterberechnung auf den Britischen Inseln (Regensburg 1904); Die Osterfrage auf dem ersten allg. Konzil zu Nicäa (Theol. Studien der Leogesellschaft, 13, Wien 1905); E. S c h w a r t z, Christl. u. jüdische Ostertafeln (Berlin 1905); K e l l n e r, Heortologie (Freiburg 1906). Erst nach Beendigung meiner Abhandlung ist mir J o s. S c h m i d s dritte Schrift: Die Osterberechnung in der abendländischen Kirche (Strassburger theolog. Studien, IX, 1; Freiburg i. B. 1907) bekannt geworden. Die vorzügliche Abhandlung gab mir zu einer Änderung meiner Ansichten keine Veranlassung. Noch weitere Literatur in überreicher Menge ist verzeichnet von L e r s c h, Einleitung in die Chronologie, II. Teil (Freiburg i. B. 1899), S. 183 ff. Die Abhandlungen von C a e s. T o n d i n i d e Q u a r e n g h i, *L'Italia e la questione del calendario al principio del XX secolo* (Florenz 1905) und *Suntne Latini quartodecimani* (Prag 1906) sind mir erst nach Beginn des Druckes zugegangen.

Befreiung von Sünde und ewigem Tod, der Auferstehung zum ungetrübten Himmelsleben. Zudem hatte das grosse Ereignis des ersten christlichen Osterfestes zahlreiche Vorbilder im Alten Testamente. Da nun das Passah und mit ihm Ostern im S o n n e n j a h r e ein bewegliches Fest ist, so brachen bezüglich der Zeit der Feier in der Christenheit bald Streitigkeiten aus, die mehrere Jahrhunderte dauerten und oft einen leidenschaftlich erregten Charakter annahmen. An das Judentum lehnte sich die gesamte christliche Kirche für die Bestimmung der Osterfestzeit insofern an, als sie dessen Passahtermin, nämlich den 14. Nisan (erster Monat im liturgischen Jahr der Juden), massgebend machte für die Fixierung der ereignisreichen Leidenswoche. Hinsichtlich des Wochentages aber befolgten die Völker jüdisch-orientalischer Zunge und die hellenisch-occidentalischer Zunge ihre eigene Praxis: für jene war das D a t u m des Leidenstages massgebend, für diese der W o c h e n t a g. Infolgedessen musste es selbstverständlich in der hochkonservativen Kirche, welche ererbte Gebräuche eifersüchtig hütete, bald zu heftigen Differenzen kommen; diese drehten sich schliesslich um zwei Hauptpunkte: um den W o c h e n t a g des Osterfestes und um das D a t u m desselben, bzw. um das Datum des Ostervollmondes.

2. Streit um den Wochentag der Osterfeier.

Der Streit um den Wochentag brach zuerst aus. Die aus dem Judentum hervorgehenden Christen, die J u d e n christen, begingen das Osterfest zu derselben Zeit, in welcher die Synagoge Passah feierte. Das geschah aber ohne Rücksicht auf den Wochentag am 14. Nisan (luna XIV), an dessen Abend die Festfeier bei den Juden ihren Anfang nahm, so dass der Hauptteil des Festes dem 15. Nisan (luna XV) zufiel. Der Nisan ist der erste Monat im liturgischen jüdischen Mondjahr, fällt ganz oder seinem Hauptteile nach ins Frühjahr so, dass der Vollmond nach dem Frühlingsäquinoktium oder am Tage desselben eintrifft; er beginnt mit einem Neumondstag, d. h. mit dem Tage, an dem die Mondsichel zuerst gegen Abend am Himmel sichtbar wird,[1] so dass am 14. Nisan der Vollmond eintritt. Daher ist das Passah und das christliche Osterfest mit dem dem Frühlingsäquinoktium zunächst folgenden Vollmond zeitlich verknüpft. Am 14. Nisan assen die meisten Judenchristen das Osterlamm, die beiden folgenden Tage waren ihnen Buss- und Vorbereitungstage, der 17. Nisan das zur Freude stimmende Fest der Auferstehung. Hierbei wird auf den Wochentag keinerlei Rücksicht genommen; der Monatstag allein ist ausschlaggebend. Da nun der vierzehnte eines Monats lateinisch „luna quarta decima" heisst, so werden die Anhänger dieser Praxis Q u a r t o d e z i m a n e r (τεσσαρεσκαιδεκατῖται) genannt.

---

[1] Unter dem Neumond versteht man im Kalender und in der Chronologie nicht, wie die Astronomen, die wahre Konjunktion der Sonne und des Mondes, die nur zur Zeit einer Sonnenfinsternis mit blossem Auge beobachtet werden kann (vgl. Thucyd. II, 28), sondern das erste Sichtbarwerden des Mondes; 13 Tage hiernach tritt Vollmond ein, während zwischen der wirklichen Konjunktion und dem Eintreffen des Vollmondes im Durchschnitt 15 Tage liegen. Bezeichnungen: der Neumondstag ist luna I, der Vollmondstag luna XIV (τεσσαρεσκαιδεκάτη, ιδ'), der erste Tag darnach luna XV, der zweite Tag darnach luna XVI usw.

Anders verhielten sich die Heidenchristen, die an Zahl und weltgeschichtlicher Bedeutung den christlich gewordenen Bruchteil des Judentums weit übertrafen. Im Apostelkonzil war die Forderung der Judenchristen, die Heiden sollten nur durch die Synagoge in die Kirche eintreten dürfen, zurückgewiesen worden. Deshalb hatten die aus dem Heidentum kommenden Christen keine Veranlassung, die Feste der Juden mitzufeiern, wie sie ja auch die Beschneidung verwarfen. Vom hl. Paulus, dem Heidenapostel, wird (Col. 2, 17) die Feier der „Feste, Sabbate und Neumonde als ein Schatten dessen, was kommen sollte" für unnötig erklärt, (Gal. 4, 10) über das „Halten der Tage, Monde, Zeiten und Jahre" gespöttelt. Daher wirft der jüdische Gelehrte Trypho (2. Jahrh.),[1] von seinem jüdischen Standpunkte aus mit Recht, den Christen vor, dass sie weder die Feste noch die Sabbate beobachten, noch die Beschneidung zulassen. Zum Verwerfen des jüdischen Passahtermins mag die Christen auch die Schwierigkeit geführt haben, die Daten des sehr komplizierten jüdischen Kalenders, somit auch das Datum des Todestages des Heilandes in die richtigen Daten der vielen anderen Kalender, die damals neben dem noch jungen julianischen Kalender in den verschiedenen Teilen des römischen Reiches in Gebrauch waren, umzudeuten. Infolge dieser Umstände kamen diese Christen schon sehr früh dazu, unter Preisgabe des jüdisch-orientalischen Monatsdatums im Anschluss an den biblischen Passionsbericht die Zeit der Leidenstragödie nach Wochentagen zu bestimmen: An einem Donnerstag hatte der Heiland das Osterlamm mit seinen Jüngern gegessen und das heilige Altarssakrament eingesetzt; am Freitag war er gestorben; am Samstag hatte er im Grabe geruht, und am Sonntag war er von den Toten auferstanden. Daher feierten sie in jeder Woche des Jahres am Donnerstag die Erinnerung an die Einsetzung des Altarssakramentes, am Freitag die Erinnerung an den Kreuzestod, am Samstag an die Grabesruhe und am Sonntag die Erinnerung an die Auferstehung Christi. Dies ist auch heute noch kirchliche Sitte.

Auf dieser religiösen Anschauung beruhte auch die Bestimmung des seit der Mitte des 11. Jahrhunderts eingeführten Gottesfriedens, dass von Mittwoch Abend bis zur Frühe des Montags überall Waffenruhe herrschen solle. So wurde der Freitag ein Buss- und Trauertag, der Sonntag ein Freudentag. Allmählich aber — die genaue Zeit ist nicht mehr bestimmbar — entschlossen sich die Christen, ein einmaliges Fest als offiziellen Erinnerungstag der Auferstehung zu begehen. Da erlangte natürlich unter dem noch immer starken Einfluss der Synagoge jener Sonntag, der dem Frühlingsvollmond unmittelbar folgt, einen Vorrang vor allen anderen, weil er den Leidenstagen des Herrn am nächsten kommt und in die zu neuem Leben erweckende Frühlingszeit fällt. Hieraus erklärt sich die sonst unbegreifliche Sitte, in der Gesamtkirche Ostern mit dem Frühlingsvollmond eng zu verknüpfen oder, mit anderen Worten, für die Zeitbestimmung der zuerst entstandenen Feste das jüdische Mondjahr statt des noch jungen julianischen Kalenders, der sich im Osten noch nicht genügend eingebürgert hatte und daher für die Datierung altherkömmlicher Feste sich nicht gut eignete, zu acceptieren. Von wenigen schwachen

---

[1] Bei Justinus [† um 166] (Dialogus cum Tryphone c. 40).

und erfolglosen Versuchen späterer Zeit, [1] unter Verdrängung des Mondjahres Ostern einem möglichst bestimmten Tage des (julianischen) Sonnenjahres zuzuweisen, abgesehen, wagte man es leider nicht, von dem aus der apostolischen Zeit herrührenden Gebrauche abzuweichen. Der Frühlingsvollmond blieb demnach allgemein die Grundlage für die Fixierung des Osterfestes. Dadurch wurde der Ostertermin stark beweglich. Diese Eigenschaft ist weder in dem Charakter des Festes an sich noch in einem christlichen Dogma begründet, sondern verdankt ihren Ursprung einzig und allein dem Umstand, dass die Juden, in deren Kalender Passah an ein ganz bestimmtes Datum, den 14. Nisan, gebunden ist, ein Mondjahr haben. Da aber das mosaische Gesetz [2] ihnen vorschrieb, am Passahfest reife Ähren zu opfern, so drängte sich ihnen dadurch die Notwendigkeit auf, wenn der Termin des Osterfestes im Sonnenjahre, dem das Mondjahr um 11 Tage nachsteht, so weit rückwärts gewichen war, dass reife Ähren noch nicht gefunden wurden, vor Beginn des betreffenden Mondjahres noch einen Monat von 30 Tagen einzuschalten; ein auf diese Weise mit dem (scheinbaren) Sonnenlauf in möglichster Übereinstimmung gehaltenes Mondjahr heisst bei den Chronologen „gebundenes Mondjahr" im Gegensatz zu dem freien Mondjahr, wie es heute noch die Türken haben. Erst später, als man diesen historisch realen Zusammenhang des christlichen Osterfestes mit dem jüdischen Passah mehr oder weniger vergessen hatte, empfand man auf christlicher Seite das

---

[1] Die kleinasiatischen Montanisten feierten Ostern am Sonntag nach dem 6. April, indem sie den (alttestamentlichen) Ostervollmond dem 14. des ersten Monats des Sonnenjahres zuwiesen. Dies begannen sie aber mit dem Frühlingsäquinoktium, das nach ihrer Meinung am IX. Kal. April. = 24. März war; der 14. Tag des Monats war für sie demnach der 37. März = 6. April. Andere Sekten feierten Ostern am 25. März, dem fast allgemein angenommenen und in den mittelalterlichen Kalendarien verzeichneten Datum der Passion des Heilandes, bzw. am darauffolgenden Sonntag. Dass auch in einigen Gegenden Galliens das Osterfest am 25. März gefeiert worden sei, klingt wenig glaubhaft. In den Nachrichten hierüber liegt wohl eine Verwechslung des unbeweglichen Festes „Resurrectio Domini" mit Ostern. Jenes wurde neben Ostern stets am 27. März gefeiert, da eben der 25. März als Datum der Passion galt (vgl. hierüber die trefflichen Ausführungen von J. Schmid, Osterfestberechnung in d. abendl. Kirche, S. 84 ff.). Überhaupt war dem mittelalterlichen Menschen der 25. März ein bedeutungsvolles Datum, da er ihm galt als Tag 1. der Erschaffung der Welt, 2. des Frühlingsäquinoktiums, 3. der Verkündigung Mariä, 4. der Passion. Daher begannen auch viele Staaten mit diesem Tage ihr Jahr. Über die neueren Bestrebungen, die Beweglichkeit des Osterfestes einzuschränken oder ganz zu beseitigen, vgl. die Aufsätze von L. Günther und v. Sichart (Ztschr. Weltall, 1903, Hefte 18 ff.; auch Sonderabdruck), Sandhage und P. Düren (Ztschr. Pastor bonus, Trier 1906, April- und August-Heft), Thoene, Lässt sich unsere Zeitrechnung vereinfachen? (Papiermühle S.-A. 1906). Dass auch die römische Kurie dieser Frage günstig gegenübersteht, berichtet u. a. W. Förster (Ztschr. Der Lotse, 1. Jhrgg., 1900, I, S. 753): „Ich bin in der Lage, jetzt öffentlich mitteilen zu dürfen, dass auch bei der römischen Kurie eine volle Würdigung der Zweckmässigkeit einer solchen Reform ... vorhanden ist." Vgl. desselben Äusserungen im „Deutschen Reichsanzeiger", 1907, 30. März, Nr. 79; ferner des Kardinals Rampolla Brief an W. Förster vom 6. Mai 1897 (abgedruckt bei C. Tondini, L'Italia S. 26 und Suntne Latini S. 15).

[2] 3. Mos. 23, 10: „Wenn ihr ins Land kommt, das ich euch gebe, und ihr die Saat schneidet, so sollet ihr Garben von Ähren, die Erstlinge euerer Ernte, zum Priester bringen ... (15). Und vom andern Tage nach dem Sabbate, vom Tage an, da ihr die Erstlingsgarbe dargebracht, sollet ihr sieben volle Wochen zählen." 2. Mos. 13, 4; 23, 15; 34, 18; 5. Mos. 16, 9.

Bedürfnis, die mit Recht auffällige und daher von vielen bekämpfte Beweglichkeit aus dem Wesen des Festes heraus oder symbolisch zu deuten, aber ohne Erfolg. Das, was z. B. der hl. Augustinus hierüber vorträgt,[1] wird selbst Leute, die in wissenschaftlicher Beziehung sehr genügsam sind, wenig befriedigen.

Somit unterschieden sich Juden- und Heidenchristen in Bezug auf die Osterfeier prinzipiell nur durch den Wochentag des Festes. Lange bestanden beide Arten friedlich ohne Reibung der Christen nebeneinander. Spuren eines Streites tauchen erst auf in der Zeit, wo Bischof Polykarpus von Smyrna um das Jahr 155 nach Rom kam und von Papst Anicetus (155—166) zur Befolgung des römischen Gebrauches aufgefordert wurde. Doch er hielt die jüdisch-christliche Gewohnheit fest, ohne dass durch diese Weigerung der Friede zwischen beiden Parteien gestört wurde. Melito, Bischof von Sardes (letzte Hälfte des 2. und Anfang des 3. Jahrhunderts), verfasste eine besondere Schrift über die Osterfeier, da in Laodicäa infolge des Osterstreites eine Aufsehen erregende Spaltung eingerissen war; er steht auf seiten der Quartodezimaner. Gegen ihn schrieb Clemens von Alexandrien († um 217).

Die Differenzen nahmen einen bedenklicheren Charakter an unter Papst Viktor I. (189—199), dem gegenüber Bischof Polycrates von Ephesus die Praxis der Quartodezimaner als uralte Tradition verteidigte. Doch auch jetzt kam es zu keinem offenen Bruche, dank dem Einfluss hochangesehener gallischer Bischöfe, namentlich des hl. Irenäus von Lyon, der eine Abhandlung *De paschate* veröffentlichte. Die judenchristliche Praxis wurde indes durch die andere der Heidenchristen allmählich in dem Masse verdrängt, als die Zahl dieser die der Judenchristen überstieg; im 3. christlichen Jahrhundert wurde sie verboten und im 4. Jahrhundert mit Strafen belegt, z. B. von der Synode zu Antiochia (341). Ein Teil der Quartodezimaner fügte sich der Anordnung der kirchlichen Behörde nicht und wurde schismatisch. Das Schisma erlosch im 5.—6. Jahrhundert.

3. Der Streit um den Frühlingsvollmond und um den Zeitraum der Osterfeier. Beilegung des Streites.

Es wäre ein Irrtum zu glauben, dass bei den Anhängern der sonntägigen Osterfeier Einmütigkeit bezüglich des Festtermins herrschte. Vielmehr traten auch bei ihnen mancherlei Differenzpunkte zu Tage, da die Bestimmung des beweglichen Ostertermins noch nicht an so feste Regeln wie in späteren Jahrhunderten gebunden war. Zwar herrschte im wesentlichen Übereinstimmung bezüglich dieser drei Gesichtspunkte, dass das Fest zu feiern sei 1. im Frühling (oder kurz vor Frühlingsanfang), 2. am oder zunächst nach dem Tage, an dem der Vollmond zuerst im Frühling (oder zuletzt davor) eintritt, 3. an einem Sonntag. Aber da die beiden ersten Punkte nicht fest bestimmt waren, so traten schon von Anfang an grosse Meinungsverschiedenheiten bei den Christen ein; dieselben betreffen *a)* den Zeitpunkt des Frühlingsanfangs, das sogenannte Frühlingsäquinoktium, *b)* den Zeitraum, innerhalb dessen sich das Osterfest bewegt, *c)* die Bestimmung des Tages des Frühlingsvollmondes· Über diese drei Differenzpunkte und deren Beseitigung ist im wesentlichen ·folgendes zu bemerken:

---

[1] *Epist. ad Januarium* 55. Vgl. auch Martin, Bischof von Dumio († 580), in seiner Schrift *De paschate* (Migne Patr. lat. LXXII S. 47 ff.).

α) Die einen, meist Römer, verlegten das Frühlingsäquinoktium und somit den frühesten Ostervollmondstag auf den 25. März (den von Julius Cäsar festgesetzten Termin des Frühlingsanfanges), die andern, meist Alexandriner, sich mehr der astronomischen Wirklichkeit nähernd, auf den 21. März, wieder andere auf den 18. oder 19. März.

β) Hinsichtlich des Zeitraumes des Osterfestes traten verschiedene Differenzen in die Erscheinung. Erstens durfte bei den Römern der Karfreitag niemals vor den 14. Nisan (Abend des Frühlingsvollmondes), somit Ostern nicht vor den 16. Nisan (Luna XVI) fallen, während die alexandrinische Kirche die Osterfeier an der Luna XV, d. h. an dem dem Frühlingsvollmond (Samstag) unmittelbar folgenden Tage nicht als anstössig betrachtete. Der Fall wurde dann praktisch, wenn der Vollmond am Samstag eintrat. Es ergab sich dann ein Unterschied von sieben Tagen in dem Termin des Festes. In dieser Frage unterwarfen sich allmählich die Occidentalen den Orientalen. Zweitens stritt man darüber, ob Ostern am Tage des Ostervollmondes selbst, wenn dieser Tag ein Sonntag wäre, zulässig sei; da nämlich mit dem Karsamstag das Fasten zu Ende ging — am Sonntag wurde nie gefastet —, so hätte es im Widerspruch mit dem kirchlich-kanonischen Gebrauche vor dem Erinnerungstage der Leiden des Herrn, der ein Vollmondstag war, aufgehört. Daher verschob man in einem derartigen Falle im Abendlande die Feier auf den folgenden Sonntag; die Alexandriner feierten aber anfänglich am Vollmondstag, während sie später der Anschauung des Abendlandes sich fügten. In den ersten Zeiten wurde also Ostern in Rom am 16.—22. Tage des Mondmonates (Luna XVI—XXII), in Alexandrien am 14.—20. Tag (Luna XIV—XX) gefeiert. Die schliessliche Einigung führte zur Feier an Luna XV—XXI.

Übrigens änderte man in Rom mehrmals die dem Osterfest gewährte Zeitdauer; anfangs war sie am kürzesten, vom 25. März bis 21. April. Weshalb gerade dies Schlussdatum genommen wurde, ist nicht recht klar.[1] Dann wurde vom Jahre 343 ab die Zeit erweitert vom 22. (zuweilen gar 21.) März bis 21. April und noch später bis zum 24. April. Die Alexandriner hatten schon früher den auch heute noch massgeblichen Zeitraum vom 22. März bis 25. April.

γ) Den stärksten und am längsten währenden Zwiespalt verursachte die Bestimmung des Ostervollmondstages. Am einfachsten wäre es gewesen, den Eintritt des Vollmondes jedesmal rein empirisch durch unmittelbare Beobachtung festzustellen. Ursprünglich geschah es auch so bei den Juden. Aber bald genügte diese Bestimmungsart nicht mehr, da es im Interesse der sicheren und allseitigen Regelung des Gottesdienstes nötig wurde, für eine längere Reihe von Jahren im voraus den Festtermin zu kennen. Dieses Bedürfnis hatten schon die Juden zur Zeit Christi. Weil aber die astronomische Wissenschaft damals noch nicht so weit war, diese Anforderung zu befriedigen, so suchte man durch eine die Zeit des Mond-

---

[1] Sicherlich war das nicht grundlos. Viele, wie z. B. Ideler, Chronologie II 266, nehmen an, dass man sich in Rom scheute, das Osterfest dem 21. April folgen zu lassen, damit das Gründungsfest der Stadt (Parilia, 21. April), wobei es nach Art der heutigen Fastnachtsfeier lustig herging, nicht in die zur Trauer und Busse mahnende Karwoche falle. Ausserhalb Italiens, namentlich im Orient, wo das genannte Fest nicht heimisch war, bestand natürlich diese Rücksichtnahme nicht.

umlaufs möglichst berücksichtigende Berechnung für eine bestimmte Zahl von gewöhnlich in Form eines Kreises (κύκλος)[1] niedergeschriebenen Jahren, nach deren Verlauf die alte Reihenfolge der Daten wiederkehrte, den Frühlingsvollmond zu finden. Diese Berechnungsart nennt man daher die cyklische.

Wiewohl die Mehrzahl der Christen schon sehr früh begonnen hatte durch dauernde Verlegung des Osterfestes auf den Sonntag den Gegensatz der Kirche zur Synagoge offen zu bekunden, so richteten sich in der Zeitbestimmung des Vollmondes anfänglich doch viele nach der Praxis der Juden, um an dem dem jüdischen Passah folgenden Sonntag Ostern zu feiern. Der enge Anschluss an die Berechnung der Synagoge geschah sogar dann noch, als die Juden, besonders im 2. und 3. Jahrhundert, Passah nicht selten an dem der Frühlingsnachtgleiche zuletzt vorhergehenden Vollmond feierten. Hiernach war es möglich, dass innerhalb des Zeitraumes von einem Jahr das Osterfest zweimal begangen wurde. Die christlichen Anhänger dieses Gebrauches heissen Protopaschiten (von πρῶτον Πάσχα); bis in die neueste Zeit werden sie irrtümlicherweise häufig mit den oben genannten Quartodezimanern verwechselt; von diesen sind sie aber verschieden. Sie wohnten in Syrien, Cilicien und Mesopotamien, d. h. im Patriarchat von Antiochien. Die Sitte, Ostern vor Frühlingsanfang zu feiern, wurde vom Konzil von Nicäa (325) mit Erfolg verboten;[2] die Protopaschiten fügten sich mit Ausnahme von wenigen, die schismatisch wurden.

Erst im 3. Jahrhundert schritten die Christen dazu, auch bei der Berechnung des Ostervollmondes sich von der jüdischen Praxis freizumachen. Infolge des Fehlens einer festen und allgemein anerkannten Norm trat nun eine grosse Mannigfaltigkeit der Osterberechnungsmethode zu Tage, die bis zur Zeit Karls des Grossen sich fortpflanzte. Bei der Unzulänglichkeit der damaligen astronomischen Bestimmung der Himmelserscheinungen drängt sich, wie bereits erwähnt, von selbst die cyklische Feststellung der Ostervollmondsdaten auf. Es wurden Cyklen von 8, 16, 19, 72, 84 und 112 Jahren aufgestellt, die teils nebeneinander, teils nacheinander in Geltung waren. Die Cyklen von 8, 16, 72 und 112 Jahren haben es nie zu einer Bedeutung gebracht und können daher hier übergangen werden. Wichtig dagegen wurden der 84jährige und der 19jährige Cyklus. Zur Zeit des unsicheren Schwankens wurde ersterer hauptsächlich im Abendlande, der zweite im Morgenlande befolgt. Dieser verdrängte zuletzt alle anderen Bestimmungsmethoden.

Die vielen ärgerlichen, den Spott der Nichtchristen herausfordernden Streitig-

---

[1] Ein derartiger κύκλος *(rota paschalis)* ist abgebildet bei E. Schwartz, a. a. O. Beilage I, und bei Angelo Mai, *Script. veterum nova collectio* V (1831) S. 72.

[2] Irrtümlich ist die vielfach verbreitete Meinung (vgl. z. B. Goldscheider, Über die Gaussche Osterformel I S. 29), als habe dieses oder irgend ein anderes Konzil das Zusammenfallen des christlichen Osterfestes mit dem jüdischen Passah verboten und als habe die gregorianische Kalenderkommission, die dies öfters zulässt, das Verbot missachtet. Die Konzilien verfolgten nur dies Ziel, die christliche Osterberechnung auf eigene Füsse zu stellen und das Osterfest überall nach Frühlingsanfang zu feiern. Hätten sie die ihnen unterschobene Vorschrift erlassen, so hätten sie gerade das Gegenteil von dem erreicht, was sie wollten, indem sie die christliche Festberechnung von der jüdischen abhängig machten.

keiten suchten viele Synoden, insbesondere die Konzilien zu Arles (314) und Nicäa (325), zu beseitigen. Bei diesen Einheitsbestrebungen tasteten sie das, was allen Parteien gemeinsam war, nämlich des Festes Abhängigkeit vom Frühlingsvollmond, nicht an, um durch diese rücksichtsvolle Nachgiebigkeit desto sicherer die so schwer herzustellende Eintracht der Christen in der Feier der höchsten Feste zu erzielen. Hierdurch ist es gekommen, dass sich die Beweglichkeit des Osterfestes seit jener Zeit bis auf den heutigen Tag erhalten hat.

Was speziell das Konzil von Nicäa betrifft, das jene Bestrebungen zusammenfassend ergänzte und zu einem gewissen Abschluss brachte, so sind wir über seine Tätigkeit in dieser Frage nur mangelhaft unterrichtet, da die überlieferten Konzilsakten gerade hierüber nichts enthalten. Soviel aber steht als sicher fest, dass dort der Bischof von Alexandrien beauftragt wurde, den Ostertermin zu berechnen und so frühzeitig dem Papst nach Rom zu melden, dass er von hier aus allen andern Kirchen angezeigt werden könne; schon elf Jahre vorher hatte in Bestätigung einer alten Gewohnheit die Synode von Arles dem Papst eine solche Mitteilung des Ostertermins zur Pflicht gemacht. Der Auftrag der nicänischen Väter beweist, dass nicht irgend eine Berechnungsweise — etwa die alexandrinische — vom Konzil auf Grund einer eingehenden Prüfung anerkannt und deren Anwendung allgemein vorgeschrieben wurde. Denn dann wäre ein solcher Auftrag höchst überflüssig gewesen, da jede Kirche ohne Mühe den richtigen Termin selbst hätte fixieren können. Andererseits liegt aber darin eine hohe Achtungserklärung der Väter vor der alexandrinischen Wissenschaft. Offenbar hielten sie auf Grund der von alters her in Ägypten blühenden Studien die Alexandriner für am besten zu derartigen mathematisch-astronomischen Berechnungen befähigt. Als nun später allmählich die alexandrinische Praxis überall vorgedrungen war, da konnten infolge dieses nicänischen Beschlusses Männer wie der hl. Ambrosius zu Mailand, Abt Dionysius Exiguus, Papst Hadrian I. und die meisten Chronologen bis auf unsere Zeit tatsächlich die Überzeugung haben, das Konzil habe sie zur allgemein verpflichtenden Norm gemacht. Aber gerade der weitere Wunsch der Väter, dass die Alexandriner das Resultat ihrer Berechnungen dem Papste frühzeitig mitteilen sollten, spricht klar dafür, dass mit der alexandrinischen auch noch andere Berechnungsarten in starker Konkurrenz blieben. In solchen Fällen nun, wo durch die verschiedenen Methoden differierende Ostertermine herauskamen, sollte nach dem Willen des Konzils der Papst entscheiden oder eine Einigung durch Verhandlungen herbeiführen. Dass dem so ist, zeigt mit der wünschenswerten Deutlichkeit die Geschichte des Osterstreites während des laufenden (vierten) Jahrhunderts. Denn in Streitfällen wurde oft eine Verständigung erzielt, indem bald die eine, bald die andere Partei nachgab. So opferte Rom seine Ostertermine im Jahre 330 (Ostern am 19. April statt 22. März), 340, 341; Alexandrien war nachgiebig z. B. im Jahre 333 (am 15. statt 22. April). Aber schon im Jahre 343 zeigten sich beide Parteien zäh, indem Ostern im Abendlande am 3. April, im Morgenlande am 27. März gefeiert wurde. Ohne Zweifel gab gerade diese Differenz der Synode zu Sardica (Herbst 343) Veranlassung, eine Verständigung für die nächsten 50 Jahre (344—393) zu vereinbaren. Infolgedessen nahmen die Alexandriner die römischen Osterdaten an in den Jahren 346 und 349, die Römer die alexandrinischen in den Jahren 352, 368, 371 usw. Aber auch diese Einigung hielt nicht lange stand; Ostern wurde an verschiedenen

Tagen gefeiert in den Jahren 350, 357, 360, 387 usw.[1] Allmählich traten nämlich Selbständigkeitsgelüste der alexandrinischen Patriarchen stark zu Tage und machten eine weitere Verständigung in der Osterberechnung unmöglich, besonders nachdem die Teilung des römischen Reiches (395) das die abend- und morgenländische Kirche zusammenhaltende Band stark gelockert hatte.

Die Alexandriner behaupteten unter unzutreffender Bezugnahme auf das nicänische Konzil, dass ihre Osterdaten für die ganze Christenheit massgebend seien, während Rom trotz seiner häufigen Nachgiebigkeit dies niemals anerkannte. Es war nämlich in jenen Zeiten der Unbestimmtheit und des Entstehens des kirchlichen Ritus in den Augen der grossen Christengemeinde die Ansetzung des Ostertermins ein Symbol der obersten Kirchengewalt. Wer den Ostertermin vorschrieb, der galt den Gläubigen als Inhaber dieser Gewalt, als das Haupt der Kirche. Demnach war diese Osterfrage nicht bloss ein chronologisches Problem, sondern zum Teil auch eine hierarchische Machtfrage. Teilweise erklärt sich hieraus die lange Dauer dieser Art des Osterstreites, der die Christenheit für lange Zeit in zwei Heerlager trennte.

Im Abendlande behauptete am längsten der in Italien erdachte und mit der Zeit öfters veränderte 84jährige Cyklus sein Dasein. Er ist durch drei Eigentümlichkeiten beachtenswert: 1. dadurch, dass der Mondsprung (darüber siehe später!) sechsmal entweder anfänglich nach je 14 Jahren oder später nach je 12 Jahren erfolgt, so dass er im letzteren Falle am Ende des Cyklus nicht vorkommt; 2. dadurch, dass sich das Osterfest in der älteren Zeit zwischen dem 25. März und 21. April, später zwischen dem 22. März und 21. April, die Endtermine mitgezählt, bewegt, und 3. dadurch, dass nach je 84 Jahren dieselbe Reihenfolge der Osterdaten wiederkehrt. Da er wegen der Leichtigkeit der Handhabung für die meisten Gebiete des Abendlandes massgebend war, so folge hier eine Übersicht seiner Osterdaten für die Zeit von 298—471 und 550—723[2] (Die Zahlen 22—31 bedeuten Tage des **März**, 1—21 Tage des **April**):

Jahreszahl				0	1	2	3	4	5	6	7	8	9
298	382	550	634	17	2 (9)	21 (24)	13	5	18	9	1	14 (21)	6
308	392	560	644	28	17	2	25	13	29 (II 5)	18	10	25 (II 1)	14
318	402	570	654	6	29	10	2	25	7 (II 14)	29	18	3 (II 10)	26
328	412	580	664	14	6	19 (II 22)	11	2	15 (II 25)	7	30	18	3
338	422	590	674	26	15	30	19	11	27 (3)	15	7	20 (30)	12
348	432	600	684	3	26	8 (15)	31	19	4 (11)	27	16	7	20 (30)
358	442	610	694	12	24 (4)	16	8	31	13 (20)	4	27	16	1
368	452	620	704	20	12	28	17	8	21 (24)	13	5	27	9 (16)
378	462	630	714	1	21	5 (12)	28	17	2 (9)	21 (24)	13	5	18

---

[1] Eine kritisch genaue Zusammenstellung der Jahre, in denen Ostern tatsächlich an verschiedenen Daten gefeiert wurde, gibt es noch nicht.

[2] Nach K r u s c h, Einführung des Paschalritus S. 167 ff.; G r o t e f e n d, Taschenbuch S. 158; S c h w a r t z a. a. O. S. 46 ff. Andere Tabellen bei K r u s c h, Studien S. 17, 62, 121 und 184.

Ob an allen diesen Tagen, insbesondere seit 550, wirklich irgendwo Ostern gefeiert wurde, ist zweifelhaft, wenigstens fehlen uns für viele Daten die historischen Nachweise, wie wir überhaupt über die wirklich gefeierten Osterfeste schlecht unterrichtet sind. Die bei E. Schwartz für die Zeit von 298 bis 465 gegebenen Daten weichen öfters von denen bei Krusch verzeichneten ab; die Abweichungen sind in der vorstehenden Tabelle in runden Klammern beigefügt; die Zahl II vor einem Datum bedeutet, dass die Abweichung nur für die zweite Zehnerreihe (382—462) gilt.

Zunächst wurde diese Berechnung in den meisten Diözesen Italiens gebraucht bis zu ihrer allmählichen Verdrängung durch die viktorische und alexandrinischdionysische Methode. In Spanien drang schon frühe, nämlich bereits seit Ende des 6. Jahrhunderts, der alexandrinische Cyklus ein. An dem 84jährigen Osterkanon hielten am längsten fest die grössten Teile der Gallier, der Briten, Angelsachsen und Iren. Selbst nachdem die Gallier und Angelsachsen die inzwischen in Rom beliebt gewordene viktorische und dann die dionysische Bestimmungsart angenommen hatten, benutzten die Iren, Briten und Pikten die Osterdaten des alten Cyklus weiter. Insbesondere waren sie an die Art desselben, die in Rom bis zum Jahre 342 bestanden hatte, so gewöhnt, dass sie nur schwer davon abzubringen waren; hiernach feierten sie das Osterfest in dem engeren Zeitraum vom 25. März bis 21. April. Ein interessanter Beleg hierfür ist der heftige Osterstreit des Kolumban, eines irischen Missionars in Gallien († 615 im Kloster Bobbio), mit den gallischen Bischöfen: diese befolgten damals den viktorischen Kanon, Kolumban hielt sich an die Observanz seiner irischen Heimat. Indes in der zweiten Hälfte des 7. und im Anfang des 8. Jahrhunderts opferten auch die Iren und Pikten ihren Osterkanon der alexandrinischen Berechnung; aber die Briten konnten sich auch jezt noch nicht dazu entschliessen. Doch infolge der Bemühungen eines angesehenen „Gottesmannes", des Bischofs Elbod von Bangor, ward um das Jahr 770 der alte und ungenaue Cyklus im nördlichen Wales und einige Jahre später auch in Süd-Wales abgeschafft; einzelne Spuren desselben finden sich indes daselbst noch in dem ersten Viertel des 9. Jahrhunderts.

Somit siegte, wie unser kurzer Überblick zeigt, in dem mehr als $4\,{}^{1}/_{2}$ Jahrhunderte dauernden Kampf schrittweise die aus Ägypten stammende Bestimmungsmethode, einzig deshalb, weil sie infolge einer für die damalige Zeit genauen Beachtung der Bewegungszeiten des Mondes und der Erde die relativ genauesten Daten ergibt. In Alexandrien hatte man schon frühe, ohne Zweifel mit Anlehnung an die jüdische Art, eine Berechnungsweise ersonnen, die einen auf der Beobachtung des Atheners Meton (432 vor Chr.) beruhenden 19jährigen Mondcyklus, wonach 19 Sonnenjahre = 235 Mondmonaten sind, zur Grundlage machte. Für die christliche Osterfixierung wurde sie nachweislich zuerst in ein bestimmtes System gebracht vom hl. Anatolius, Bischof von Laodicäa (um 260—282), der ein geborener Alexandriner und angesehener Mathematiker war, in seinem Werke Κανόνες περὶ τοῦ Πάσχα.[1]

---

[1] Sein Cyklus begann aller Wahrscheinlichkeit nach mit einem Jahre, das dem 12. Jahre der später gebräuchlichen Cykluszählung identisch ist, und umfasste die Jahre· 258—352 (s. Schwartz S. 16). Damit stimmt seine Ansetzung des Vollmondes für das erste Jahr seiner Reihe auf den 4. April. Einige Fragmente seines Werkes sind erhalten bei Eusebius, Kirchengeschichte VII 32, 14 ff.

Weitergeführt wurde sie zunächst von Eusebius von Cäsarea in Palästina († 338), der als erstes Jahr des Cyklus das erste Jahr der Ära nach Regierungsjahren des Kaisers Diokletian (29. August 284 bis 28. August 285), also für die Osterberechnung das Jahr 285 zu Grunde legte. Wenn man von diesem Jahre rückwärts zählt, so ergibt sich, dass auch das Jahr 0 (= 1 vor Chr.) das erste Jahr eines solchen Cyklus ist, ein sehr günstiger Umstand, der am meisten zur allgemeinen Annahme dieser Methode beitrug. Noch weiter ausgebaut wurde diese Berechnungsweise von Theophilus, Patriarch von Alexandrien (389—412); er verfertigte eine Ostertafel für 418 Jahre (= 22 neunzehnjährige Cyklen), veröffentlichte aber nur die Osterdaten für 100 Jahre in einem dem Kaiser Theodosius gewidmeten Werke. Diese Tafel hebt an mit dem ersten Konsulat des genannten Kaisers, das ins Jahr 380 fällt; dieses ist gleichfalls das erste Jahr eines Cyklus in jener Reihe, die vom Jahre 0 oder von 285 der christlichen Ära ihren Anfang nimmt.

Eine weitere Ausbildung erfuhr sie durch einen ägyptischen Mönch namens Anianus, der kurz nach Theophilus lebte. Er verband den 19jährigen Mondcyklus mit dem 28jährigen Sonnencyklus zu der grossen Osterperiode von $19 \cdot 28 = 532$ Jahren. In diesem Cyklus kehren nach je 532 Jahren die Vollmonde nicht bloss auf denselben Monatstag, sondern auch auf denselben Wochentag zurück, so dass dieselbe Reihenfolge der Osterdaten sich wiederholt; es ist dies noch heute im julianischen Berechnungsstil der Fall. Auf Grund dieser Vorarbeiten stellte Cyrillus, der Nachfolger des Theophilus auf dem Patriarchenstuhle von Alexandrien (412—444), eine Ostertafel für 95 Jahre (437—531) auf.

Auch im Abendlande erwarb sich wegen ihrer unleugbaren Vorzüge diese Methode allmählich viele Anhänger, bis sie schliesslich gänzlich obsiegte. In der Mailänder Kirchenprovinz wurde sie bereits im 4. Jahrhundert befolgt; der hl. Ambrosius, Bischof von Mailand (340—397), empfahl sie den Bischöfen der Provinz Ämilia in seiner Epist. 23;[1] hier sagt er über den strittigen Ostertag des Jahres 387: *„Secundum Aegyptios primo mense celebraturi sumus dominicam, hoc est septimo Kalendas Maii, qui est dies trigesimus Pharmuthi"* (25. April).

Viele Anhänger verschaffte ihr Victorius, ein aquitanischer Mönch, den Gennadius (Script. eccles. 88) einen *calculator scrupulosus* nennt. Als er im Jahre 457 im Auftrage des Archidiakons und späteren Papstes Hilarius (461—468) einen neuen *Cursus paschalis*, d. h. eine Liste von 532 Osterdaten (532—1063) anfertigte, bediente er sich der alexandrinischen Bestimmungsweise. Dabei hat er aber die oben erwähnten römischen Eigentümlichkeiten in schonender Weise berücksichtigt, somit Abweichungen von den Alexandrinern nicht gerade gemieden; so darf auch nach ihm Ostern nie vor Luna XVI gefeiert werden, sondern soll, wenn Vollmond auf Samstag fällt, auf den zweitfolgenden Sonntag (Luna XXII) verschoben werden. Aber hier ist er sich seiner Sache nicht ganz sicher, daher lässt er es in einem solchen Falle im Zweifel, ob am nächsten oder zweitnächsten Sonntag Ostern ist, und merkt beide Daten (das alexandrinische und römische) an, z. B. in den Jahren 475, 495, 496, 499, 516, 536, 570, 590, 594, 665 usw.; im Jahre 539 verzeichnet er sogar drei Ostertermine: 24. und 17. April und 27. März. Daraus konnte der Papst

---

[1] Migne Patr. lat. XVI S. 1027 ff.

das ihm passend erscheinende Datum als Ostertag vorschreiben.[1] Dieser Kanon hatte
für die Kirche keine bindende Kraft, sondern war nur eine Privatarbeit. Die Kirche
wahrte sich ihre Freiheit, indem sie die verschiedenen damals bestehenden Ostertafeln benutzte und aus ihnen den ihr richtig erscheinenden Termin aussuchte. Dabei
war sie bemüht, möglichst Übereinstimmung mit den alexandrinischen Daten zu erzielen. Dies Ziel schwebt auch Victorius vor, weshalb er auch den Zeitraum für das
Osterfest bis zum 24. April einschliesslich erweiterte.

Wiewohl dem Paschale des Victorius niemals offizielle Anerkennung zu teil
ward,[2] so fand es im Abendlande doch sehr grosse Verbreitung, namentlich in Gallien
und Spanien. Selbst als in diesem Lande die alexandrinische Regel durchgedrungen
war, befolgte doch ein kleiner Teil der Provinz Baetica, die Sekte der Migetianer,
die römisch-viktorische Sonderbestimmung, Ostern nie an Luna XV, sondern
statt dessen an Luna XXII zu feiern. Diese Sekte erlosch um die Wende des
8. und 9. Jahrhunderts, so dass seit dieser Zeit in ganz Spanien die schon seit dem
Ende des 6. Jahrhunderts daselbst aufgenommene alexandrinische Fixierungsweise
massgebend ist. In Gallien wurde das Paschale des Victorius schon sehr früh befolgt;
das Konzil von Orleans (541) bestimmt in seinem ersten Kanon, dass das Osterfest
überall nach der Ostertafel des Victorius gefeiert werden müsse. Hier erhielt es sich
auch am längsten. Spuren seines Gebrauches finden sich noch gegen Ende des
8. Jahrhunderts.

Am meisten für die unveränderte Annahme der alexandrinischen Methode im
Abendlande arbeitete der gelehrte römische Abt Dionysius Exiguus, dem man
auch die heute allgemein gebräuchliche Ära der Menschwerdung Christi verdankt.
Man nennt sie daher ihm zu Ehren die dionysische oder die alexandrinisch-diony-
sische Methode. Fussend auf den Prinzipien seiner Vorgänger, verfasste er im Anschluss an Cyrillus im Jahre 525 eine Ostertafel, die mit dem Jahre 532 beginnend
fünf Cyklen (die Jahre 532—626) bietet.[3] Da im Jahre 525, wo er sein Werk
schrieb, vom letzten Cyklus des Cyrillus noch sechs Jahre übrig waren, so schickte
er seiner Tafel noch diesen Cyklus voraus, so dass sie sechs Cyklen bietet.
Dieses Paschale des Dionysius wurde die Grundlage der Chronologie für das ganze
Mittelalter. Cassiodor (480—575) empfahl das Studium dieses Cyklus den Mönchen
von Vivarium. Auch die letzterem fälschlich zugeschriebene Schrift „Computus paschalis" aus dem Jahre 562, eine genaue Anweisung, die Daten des christlichen Kalenders zu berechnen, ist ein Beweis, dass schon damals des Dionysius' Schriften

---

[1] Victorius sagt in dem Prolog zu seinem Paschale (Mon. Germ. hist. Auct.
antiqu. IX, S. 684): „*Illud insinuare non distuli propter diversorum paschalium conditores,
ubi in hoc eodem cyclo dies paschae gemina designatione positus invenitur, id est ubi
luna XV die dominica et post septem dies vicesima secunda conscribitur, non meo iudicio
aliquid definitum, sed pro ecclesiarum pace apostolici pontificis electioni servatum, quatenus
nec ego quod ad meum pertinebat officium praeterirem et in eius constitueretur arbitrio,
qui universali ecclesiae praesideret, quaenam potissimum dies in tali condicione solennitati
praecipue deputetur.*"

[2] So schreibt Papst Vitalian (657—672): „*Victoris regulam sedes apostolica non
approbavit, ideo nec sequitur dispositionem eius pro pascha*".

[3] Irrig ist die Meinung, dass Dionysius eine Tafel für 532 Jahre (532—1063) verfasst habe.

viel und eifrig studiert wurden. Ob und wann der dionysische Cyklus offiziell rezipiert wurde, ist unbekannt. Wahrscheinlich fand eine offizielle Einführung überhaupt nicht statt, wohl aber eine praktische Anerkennung und Verwertung desselben. Ein Anzeichen des frühzeitigen Gebrauches gibt uns der Brief des Papstes Vigilius (536—555) aus dem Jahre 538, worin er den Spaniern anzeigt, Ostern sei im Jahre 539 am 24. April (alexandrinisch-dionysisches Datum) zu feiern, während die Zeitzer Ostertafel (eine Modifikation des 84jährigen Cyklus) den 17. April lieferte. Als das Ende dieses Paschale bevorstand, da wurde es für fünf weitere Cyklen (627—721) von dem Abt Felix Gillitanus fortgesetzt. In die Fussstapfen dieser gelehrten Mönche trat der grosse Chronologe des Mittelalters, Beda Venerabilis (674—735), Mönch im britischen Kloster Jarrow, der im Jahre 725 in seinem vortrefflichen Lehrbuche „De temporum ratione" (Migne Patr. lat. XC S. 519 ff.) sein 532 Jahre (532—1063) umschliessendes Paschale anfertigte; dasselbe wurde bald für die ganze Christenheit massgebend. Noch später hat man nach diesem Cyklus auch rückwärts bis zum Jahre 1 vor Chr. die darnach möglichen Ostertermine berechnet.

Seit Beginn des 9. Jahrhunderts herrscht, abgesehen von einigen sehr kleinen Gebieten Britanniens, unumschränkt die alexandrinische Berechnungsweise. Sie besteht heute noch ungeändert in den Ländern mit julianischer Datierungsweise, bei den Russen und in den Staaten der Balkanhalbinsel, und ist mit gewissen durch die genauere Beachtung der Dauer des Mondlaufes und Sonnenjahres gebotenen Verbesserungen auch bei den übrigen christlichen Völkern, die den gregorianischen Kalender (seit 1582) angenommen haben, in Gebrauch.

Die Einführung dieses vortrefflichen Kalenders brachte wieder neue Spaltungen in die Christenheit, da sie nur ganz allmählich erfolgte. Die Geschichte dieses Kalenderkrieges kann hier nicht einmal skizziert werden. Für den praktischen Gebrauch genüge daher eine Übersicht der Zeiten, in denen die gregorianische Reform von den verschiedenen Staaten und Konfessionen angenommen wurde. Es geschah dies in

Italien (mit Ausnahmen), Spanien, Portugal, katholischen Gebieten Polens am 15. Oktober 1582,

Frankreich, Lothringen, Holland, Brabant, Flandern, Hennegau Ende Dezember 1582,

Katholischem Deutschland im Jahre 1583, und zwar

Österreich, Bayern, Bistümer Trier, Freising, Eichstädt, Regensburg, Salzburg, Brixen Mitte Oktober 1583,

Bistümer Würzburg, Mainz, Strassburg, Stadt Köln Mitte November 1583, Steyermark 25. Dezember 1583,

Katholischen Schweiz, Lausitz, Schlesien, Böhmen Mitte Januar 1584,

Herzogtum Westfalen 12. Juli 1584,

Bistum Paderborn 27. Juni 1585,

ganz Polen im Jahre 1586,

Ungarn 1. November 1587,

Siebenbürgen 25. Dezember 1590,

Herzogtum Preussen 1. September 1612,

Pfalz-Neuburg 24. Dezember 1615,

Stadt Strassburg 16. Februar 1682,
Protestantischem Deutschland, Dänemark 1. März 1700,
Geldern, Zütpfen, Gröningen, Friesland, Overyssel 12. Dezember 1700,
Zürich, Bern, Basel, Schaffhausen 12. Januar 1701,
Glarus, Appenzell, Stadt St. Gallen im Jahre 1724,
Pisa, Florenz 1. Januar 1750,
Grossbritannien 14. September 1752,
Schweden 1. März 1753,
verschiedenen Orten Graubündens zu verschiedenen Zeiten von 1760—1811.

Kurland hatte den gregorianischen Kalender von 1617—1796, wurde dann aber von den Russen gezwungen, zum julianischen Stil zurückzukehren.

Zwar nahmen die Protestanten Deutschlands im Jahre 1700 den gregorianischen Kalender an, führten aber die astronomische Bestimmung des Ostervollmondes ein, indem sie die Rudolfinischen von Kepler bearbeiteten Mondtafeln benutzten. Infolgedessen feierten sie Ostern in den Jahren 1724 und 1744 eine Woche früher als die Katholiken. Diese Differenz verursachte in den konfessionell gemischten Gegenden sehr ärgerliche Streitigkeiten. Als eine ähnliche Verschiedenheit für die Jahre 1778 und 1798 bevorstand, da wurde auf Antrag Preussens am 13. Dezember 1775 vom „Corpus Evangelicorum" auf dem Reichstage zu Regensburg die gregorianisch-cyklische Berechnung angenommen. Um dies herbeizuführen, wies Preussen darauf hin, dass nach der astronomischen Berechnungsweise das christliche Osterfest öfters mit dem jüdischen zusammenfallen würde, z. B. auch in den Jahren 1778 und 1798, was vermieden werden solle. Falsch ist hierbei die Unterstellung, als ob im gregorianischen Stil ein derartiges Zusammentreffen nie vorkomme. Das christliche und jüdische Osterfest haben aber zuweilen dasselbe Datum, z. B. fünfmal im zwanzigsten Jahrhundert, nämlich am 12. April 1903, 1. April 1923, 17. April 1927, 18. April 1954 und 19. April 1981.

Seit dem Jahre 1775 herrscht in der ganzen Christenheit, abgesehen von Russland und den Staaten der Balkanhalbinsel (Griechenland, Bulgarien, Serbien, Rumänien, Montenegro), Einmütigkeit in der Bestimmungsweise des Osterfestes. Nach der alexandrinisch-dionysischen Methode haben sich folgende Daten eingebürgert: Der früheste Frühlingsvollmond fällt auf den 21. März (Neumond auf den 8. März), der Vollmond vorher gehört dem Winter an. Das späteste Datum des Ostervollmondes ist der 18. April (Neumond am 5. April), der letzte Wintervollmond am 19. März. Ist im ersten Falle der 21. März ein Samstag, so wird Ostern am 22. März (frühester Ostertermin)[1] gefeiert; ist im zweiten Falle der 18. April ein Sonntag, so fällt Ostern auf den 25. April (spätester Ostertermin).[2] Demnach bewegt sich der Ostervollmond (Ostergrenze) zwischen dem 21. März und 18. April, der Ostertermin zwischen dem 22. März und 25. April; das Osterfest kann also auf 35 verschiedene Tage fallen.

---

[1] Dieser Termin ist sehr selten, im gregorianischen Kalender in der Zeit von 1583—3000 9 mal: in den Jahren 1598, 1693, 1761, 1818, 2285, 2353, 2437, 2505 und 2972.

[2] Auch dieser Termin ist selten, jedoch etwas häufiger wie der früheste, im gregorianischen Kalender in der Zeit von 1583—3000 14 mal: in den Jahren 1666, 1734, 1886, 1943, 2038, 2190 2258, 2326, 2410, 2573, 2630, 2782, 2877, 2945.

Zweiter Teil.

Technische Bestimmung des Osterfestes.

In der Vorschrift, dass Ostern gefeiert werde am Sonntag nach dem Vollmonde, der zuerst im Frühling eintritt, sind drei Zeitangaben enthalten: der Frühlingsanfang, der erstmalige Eintritt des Vollmondes im Frühling, ein Wochentag, nämlich Sonntag. Da der Frühling nach der Praxis der alexandrinischen Festrechnung stets am 21. März beginnt, so braucht dies Datum nicht mehr gesucht zu werden. Dagegen bedürfen die beiden anderen Angaben für jedes Jahr einer speziellen Berechnung. Somit kommen, wie schon der geschilderte Osterfeststreit zeigt, hierbei in Betracht:

1. der Eintritt des Ostervollmondes, dessen Datum kurz Ostergrenze (*terminus paschalis*) genannt wird;

2. der Wochentag der Ostergrenze, aus dem sich unmittelbar das Datum des Ostersonntags ergibt.

Demgemäss ist zuerst die Fixierung der Ostergrenze, sodann das Auffinden ihres Wochentages zu besprechen.

I. Bestimmung der Ostergrenze.

I. Mit Hilfe der goldenen Zahl.

a) Im julianischen Kalender.

Der Bestimmung der Ostergrenze dient ein technisches Mittel, das „goldene Zahl" genannt wird.

Das (tropische) Jahr [1] hat 365,242 199 6 Tage = 365 Tage 5 Stunden 48 Minuten 46 (genauer 46,045 44) Sekunden, daher 19 Jahre 6939,601 792 4, abgerundet 6939,601 8

---

[1] Man unterscheidet ein siderisches Jahr und ein tropisches Jahr. Ersteres ist die Zeit, innerhalb deren die Erde (scheinbar die Sonne) in ihrem Laufe durch die Sternbilder (*sidera*) des Tierkreises zu ihrem Anfangspunkt zurückkehrt; es geschieht das in 365, 256 357 8 Tagen = 365 Tagen 6 St. 9 Min. 9,31 Sek.; diese Dauer ist konstant. — Das tropische Jahr, von dem allein im Folgenden die Rede ist, ist die Zeit, innerhalb deren die Sonne von der Frühlings-Tag- und -Nachtgleiche zu derselben zurückkehrt. Die Dauer des tropischen Jahres wird übrigens

Tage. — Ein (synodischer) Monat[1] (von Neumond zu Neumond), auch Lunation genannt, hat 29,5306 Tage = 29 Tage 12 Stunden 44 Minuten 3 Sekunden, 235 Mondmonate 6939,691 Tage. Daher hat schon der athenische Astronom Meton 19 Jahre 235 Mondmonaten gleichgesetzt.

Die Dauer der Lunation wird auf $29\frac{1}{2}$ Tage abgerundet; zwei Monate haben 59 Tage. Aus praktischen Gründen gibt man den Monaten abwechselnd die Dauer von 29 und 30 Tagen. Zwölf solcher Monate werden zu einem Mondjahr zusammengefasst, so dass es 354 Tage hat. Um aber dieses Jahr mit dem Sonnenjahr in möglichster Übereinstimmung zu erhalten, schaltet man in passenden Zwischenräumen (gewöhnlich im 3., 6., 8., 11., 14., 17. und 19. Sonnenjahre) einen Monat von 30 Tagen ein; das Schaltmondjahr hat demnach 384 Tage (abgesehen vom letzten). Die Monate und Tage dieses Cyklus verteilen sich folgendermassen:

12 Mondjahre à 12 Monate à 354 Tage = 144 Monate = 4248 Tage

6 Schaltjahre à 13 „ à 384 „ $\left.\begin{array}{l} \\ \\ \end{array}\right\} = 91$ „ = 2687 „

1 Schaltjahr mit 13 „ mit 383 „

Summa: 19 Jahre = 235 „ = 6935 „[2]

Darin sind noch enthalten die $4\frac{3}{4}$ Schalttage der 19 Sonnenjahre = $4\frac{3}{4}$ „

Summa aller Tage . . . $6939\frac{3}{4}$ „

von den Astronomen und Chronologen verschieden angegeben, wiewohl die Differenz winzig klein ist. Es hat nämlich das Jahr Tage

365,23925	nach	Philo,
23919	„	Abbategni,
242424	„	dem altpersischen Kalender,
24252	„	den alfonsinischen Tafeln,
242184	„	Lersch,
242187	„	Lalande,
242201	„	Newkomb,
2422086	„	Olufzen,
242217	„	Bruhns,
242222	„	Knobloch und Heis,
24224	„	v. Schmöger,
2424537	„	Lescovier.

Die Dauer des tropischen Jahres nimmt allmählich ab und zwar beträgt die Verminderung jährlich 0,000000062124 Tag = 0,0053675 Sekunde. Berechnet man etwa die Länge des Jahres für 1850 auf 365,24219987 Tage = 365 Tage 5 St. 48 Min. 46,069 Sek. (s. Plassmann, Himmelskunde [Freiburg 1898] S. 239), so findet man die Dauer irgend eines Jahres Z, wenn man vor dem Jahre 1850 zu der angegebenen Länge 0,0053675 · (1850—Z) Sek. addiert, nach 1850 davon 0,0053675 · (Z—1850) Sek. subtrahiert. Der Unterschied beträgt in 100 Jahren 0,53675 Sekunde, in 1000 Jahren 5,3675 Sekunden, in Million Jahren 5367,5 Sekunden = 1 St. 29 Min. 27,5 Sek. Wir haben oben als Mittel die Länge von 365,2421996 (abgerundet 365,2422) Tagen genommen.

[1] Der Mond bewegt sich in 27 Tagen 7 St. 43 Min. 11 Sek. um die Erde; es ist dieser Zeitraum der siderische Monat, der hier nicht in Betracht kommt. Der Mond geht aber scheinbar erst nach 29 Tagen 12 St. 44 Min. 3 Sek. zu Ende, wenn Sonne und Mond miteinander in Konjunktion treten, d. h. wenn der Mond zwischen Erde und Sonne genau auf der Verbindungslinie von Erde und Sonne steht; letzterer Zeitraum ist der synodische (von σύνοδος) Monat.

[2] Dionysius Exiguus in seiner *Epistola de ratione paschae* (Migne Patr. lat. LXVII

Von den 235 Mondmonaten haben 115 je 29 und 120 je 30 Tage. Die Schalttage der Sonnenjahre kommen in diesem Cyklus nur durch stillschweigende Berechnung zur Geltung, indem man nach römischer Sitte im Schaltjahr dem 24. Februar die Dauer von 48 Stunden gibt — „id biduum pro uno die habetur,". sagt der römische Schriftsteller Celsus —, so dass hier der 24. (zweiter Teil) —28. Februar gleich dem 25.—29. Februar der bei uns landläufigen Zählung im Schaltjahr ist. Es ist dies eine ebenso einfache wie geistreiche Berücksichtigung der Schalttage. Die soeben berechnete Zahl der 235 Monate ist genau die Zahl der Tage von 19 julianischen Sonnenjahren à 365 $\frac{1}{4}$ Tagen. Demnach ist ein Mondjahr entweder um 11 Tage kürzer oder um 19 Tage länger als ein tropisches Jahr mit 365 (oder 366) Tagen; doch das letzte Mondjahr dieser Periode ist nur 18 Tage länger, oder je nachdem man die Zählung beginnt, das erste Cyklusjahr um 12 Tage kürzer. Dieser Ausfall des einen Tages am Ende oder Anfang des Cyklus, der gewissermassen durch ein rascheres Vorwärtsdrängen des Mondes bewirkt wird, heisst Mondsprung (saltus lunae). Eine solche Periode von 19 Sonnenjahren nennt man den (metonischen) 19jährigen Mondcyklus.

Wenn nun 19 Jahre gleich 235 Mondmonaten sind, so kehren nach Verlauf von 19 Jahren dieselben Mondphasen (Monderscheinungen, Gestalten) auf dieselben Jahrestage zurück. Geht man daher von einem bestimmten Jahre, z. B. von einem Jahre, in dem am 23. Januar Neumond, am 36. Jan. (5. Febr.) Vollmond war, aus, so kann man sich leicht durch abwechselndes Zuzählen von 29 und 30 Tagen eine Tabelle anfertigen, in der man alle Tage des Jahres in ihrer Reihenfolge aufschreibt und neben die Tage die Nummern der Jahre setzt, in denen an den betreffenden Tagen Neumond eintritt, z. B. neben den 23. Januar und März, 21. Februar und April usw. die Zahl 1, neben den 12. Januar usw. die Zahl 2, neben den 1., 31. Januar usw. die Zahl 3, bis alle 19 Zahlen erschöpft sind. Diese Ordnungszahlen oder Jahresnummern (1—19) nennt man die goldenen Zahlen. Eine solche Tabelle der Neumonde ist auf S. 24 enthalten; in derselben sind in der mit G überschriebenen Vertikalreihe die goldenen Zahlen angegeben.[1] Die Zahl 3 (unter G) besagt also, dass in den Jahren, denen die goldene Zahl 3 zukommt, am 1. und 31. Januar und März, am 29. April usw. Neumond eintrifft. (Die Bedeutung der Rubrik E wird später ersichtlich bei Besprechung der Epakten).

S. 518 f.) zählt die Jahre vom Tage nach einem Ostervollmond bis zum nächsten Ostervollmondtag einschliesslich, erhält aber 6936 Tage, da er den 17. April (Ostervollmond des letzten Cyklusjahres) auch dem ersten Jahr des folgenden Jahres zuteilt. Dadurch zählt sein erstes Mondjahr 354 Tage, während es in Wirklichkeit nur 353 Tage hat.

[1] Diese haben nur für den julianischen Kalender Geltung. — Der Schalttag wird in dieser Tabelle nur insofern berücksichtigt, als der 24. Februar doppelt gerechnet wird und der 25.—29. Februar desselben dem 24.—28. Februar eines gewöhnlichen Jahres gleichstehen (s. oben).

Immerwährender Neumondskalender.

Tage	Januar März G	E	Februar G	E	April G	E	Mai G	E	Juni G	E	Juli G	E	August G	E	September G	E	Oktober G	E	November G	E	Dezemb. G	E	Tage
1	3	0		29		29	11	28		27	19	26	8	25.24+	16	23	5	22		21	13	20	1
2		29	11	28	11	28		27	19	26.25+	8	25	16	23	5	22		21	13	20	2	19	2
3	11	28		27		27	19	26	8	25.24+		24	5	22		21	13	20	2	19		18	3
4		27	19	26.25+	19	26.25+	8	25	16	23	16	23		21	13	20	2	19		18	10	17	4
5	19	26	8	25.24+	8	25.24+		24	5	22	5	22	13	20	2	19		18	10	17		16	5
6	8	25	16	23	16	23	16	23		21		21	2	19		18	10	17		16	18	15	6
7		24	5	22	5	22	5	22	13	20	13	20		18	10	17		16	18	15	7	14	7
8	16	23		21		21		21	2	19	2	19	10	17		16	18	15	7	14		13	8
9	5	22	13	20	13	20	13	20		18		18		16	18	15	7	14		13	15	12	9
10		21	2	19	2	19	2	19	10	17	10	17	18	15	7	14		13	15	12	4	11	10
11	13	20		18		18		18		16		16	7	14		13	15	12	4	11		10	11
12	2	19	10	17	10	17	10	17	18	15	18	15		13	15	12	4	11		10	12	9	12
13		18		16		16		16	7	14	7	14	15	12	4	11		10	12	9	1	8	13
14	10	17	18	15	18	15	18	15		13		13	4	11		10	12	9	1	8		7	14
15		16	7	14	7	14	7	14	15	12	15	12		10	12	9	1	8		7	9	6	15
16	18	15		13		13		13	4	11	4	11	12	9	1	8		7	9	6		5	16
17	7	14	15	12	15	12	15	12		10		10	1	8		7	9	6		5	17	4	17
18		13	4	11	4	11	4	11	12	9	12	9		7	9	6		5	17	4	6	3	18
19	15	12		10		10		10	1	8	1	8	9	6		5	17	4	6	3		2	19
20	4	11	12	9	12	9	12	9		7		7		5	17	4	6	3		2	14	1	20
21		10	1	8	1	8	1	8	9	6	9	6	17	4	6	3		2	14	1	3	0	21
22	12	9		7		7		7		5		5	6	3		2	14	1	3	0		29	22
23	1	8	9	6	9	6	9	6	17	4	17	4		2	14	1	3	0		29	11	28	23
24		7		5		5		5	6	3	6	3	14	1	3	0		29	11	28		27	24
25	9	6	17	4	17	4	17	4		2		2	3	0		29	11	28		27	19	26	25
26		5	6	3	6	3	6	3	14	1	14	1		29	11	28		27	19	26.25+	8	25	26
27	17	4		2		2		2	3	0	3	0	11	28		27	19	26	8	25.24+		24	27
28	6	3	14	1	14	1	14	1		29		29		27	19	26.25+	8	25	16	23	16	23	28
29		2	—	—	3	0	3	0	11	28	11	28	19	26	8	25.24+		24	5	22	5	22	29
30	14	1	—	—		29		29		27		27	8	25	16	23	16	23		21		21	30
31	3	0	—	—	—	—	11	28	—	—	19	26.25+		24	—	—	5	22	—	—	13	20	31

Beim Aufsuchen des Ostertermins bedürfen wir aber nicht so sehr des Neumondes als des Vollmondes, der 13 Tage später eintritt. Es ist daher für die Ostervollmonds- berechnung zweckmässiger, die Tabelle so umzuändern, dass die Vollmondsdaten eingetragen werden. Wir geben neben- stehend eine solche für die bei der Osterbestimmung in Be- tracht kommende Zeit vom 21. März bis 18. April; zugleich fügen wir unter Tb den Wochentagsbuchstaben (bis zum 26. April, wovon später die Rede sein wird) bei. Hat man eine solche Tabelle der Vollmonde angefertigt, dann braucht man nur mehr die goldene Zahl des betreffenden Jahres auf- zusuchen, um die Vollmonde desselben zu ersehen.

Zur Auffindung der goldenen Zahl irgend eines Jahres muss man das Anfangsjahr des 19jährigen Mondcyklus kennen. Dieses ist natürlich an sich beliebig. Wie aus dem ersten historischen Teil (s. S. 17) ersichtlich, nahm der zweite Bearbeiter dieser Bestimmungsmethode, Eusebius von Cäsarea, als Anfangsjahr das erste Jahr der Regierung des Kaisers Diokletian, das Jahr 285, von dem rückwärts ge- zählt das Jahr 0 (= 1 vor Chr.) sich als Anfangsjahr des metonischen Cyklus ergibt. Auch der Abt Dionysius Exiguus, von dem die endgültige heutige Art der Osterberechnung her- rührt, wählte ebenfalls dieses Jahr als Ausgangspunkt, so dass bei ihm das Jahr 532 das erste Jahr eines Mondcyklus ist. Wenn man daher die goldene Zahl eines Jahres z wissen will, so muss man alle vollen Cyklen, die bereits seit dem Jahr 1 vor Chr. bis zu dem Jahre z verflossen sind, aus- schalten; dies geschieht dadurch, dass man die Jahreszahl z mit 19 dividiert; der um 1 vermehrte Rest ist die goldene Zahl (G). Es ist demnach die goldene Zahl, wenn die Jahreszahl mit z bezeichnet wird,

$$G = (z : 19)_r + 1.\ *$$

Eine Übersicht der goldenen Zahlen, die uns dieser übrigens mühelosen Division überhebt, liefert uns folgende Tabelle:

***

* In dieser Abhandlung ist bei Divisionen folgendes zu beachten: Soll nur der Rest einer Division, wie hier, berücksichtigt werden, so wird dies durch ein unten angefügtes r (= Rest) angedeutet; wo dieses r fehlt, da ist nur die Ganzzahl der Division ohne Rest in Rechnung zu stellen. Demnach ist stets z. B. 23 : 4 oder $\frac{23}{4}$ = 5, dagegen $(23 : 4)_r$ oder $\left(\frac{23}{4}\right)_r$ = 3. Für letzteres wird hie und da auch geschrieben 23 : 4, Rest 3.

	Tage	Tb	G	E
März	21	c	16	23
	22	d	5	22
	23	e	—	21
	24	f	13	20
	25	g	2	19
	26	a	—	18
	27	b	10	17
	28	c	—	16
	29	d	18	15
	30	e	7	14
	31	f	—	13
April	1	g	15	12
	2	a	4	11
	3	b	—	10
	4	c	12	9
	5	d	1	8
	6	e	—	7
	7	f	9	6
	8	g	—	5
	9	a	17	4
	10	b	6	3
	11	c	—	2
	12	d	14	1
	13	e	3	0
	14	f	—	29
	15	g	11	28
	16	a	—	27
	17	b	19	26.25^{+}
	18	c	8	25.24^{+}
	19	d		
	20	e		
	21	d		
	22	f		
	23	a		
	24	b		
	25	c		
	26	d		

Goldene Zahlen.

Jahre im Jahrhundert																					
			00	01	02	03	04	05	06	07	08	09	10	11	12	13	14	15	16	17	18
			19	20	21	22	23	24	25	26	27	28	29	30	31	32	33	34	35	36	37
			38	39	40	41	42	43	44	45	46	47	48	49	50	51	52	53	54	55	56
			57	58	59	60	61	62	63	64	65	66	67	68	69	70	71	72	73	74	75
			76	77	78	79	80	81	82	83	84	85	86	87	88	89	90	91	92	93	94
			95	96	97	98	99															
0..	19..	38..	1	2	3	4	5	6	7	8	9	10	11	12	13	14	15	16	17	18	19
1..	20..	39..	6	7	8	9	10	11	12	13	14	15	16	17	18	19	1	2	3	4	5
2..	21..	40..	11	12	13	14	15	16	17	18	19	1	2	3	4	5	6	7	8	9	10
3..	22..	41..	16	17	18	19	1	2	3	4	5	6	7	8	9	10	11	12	13	14	15
4..	23..	42..	2	3	4	5	6	7	8	9	10	11	12	13	14	15	16	17	18	19	1
5..	24..	43..	7	8	9	10	11	12	13	14	15	16	17	18	19	1	2	3	4	5	6
6..	25..	44..	12	13	14	15	16	17	18	19	1	2	3	4	5	6	7	8	9	10	11
7..	26..	45..	17	18	19	1	2	3	4	5	6	7	8	9	10	11	12	13	14	15	16
8..	27..	46..	3	4	5	6	7	8	9	10	11	12	13	14	15	16	17	18	19	1	2
9..	28..	47..	8	9	10	11	12	13	14	15	16	17	18	19	1	2	3	4	5	6	7
10..	29..	48..	13	14	15	16	17	18	19	1	2	3	4	5	6	7	8	9	10	11	12
11..	30..	49..	18	19	1	2	3	4	5	6	7	8	9	10	11	12	13	14	15	16	17
12..	31..	50..	4	5	6	7	8	9	10	11	12	13	14	15	16	17	18	19	1	2	3
13..	32..	51..	9	10	11	12	13	14	15	16	17	18	19	1	2	3	4	5	6	7	8
14..	33..	52..	14	15	16	17	18	19	1	2	3	4	5	6	7	8	9	10	11	12	13
15..	34..	53..	19	1	2	3	4	5	6	7	8	9	10	11	12	13	14	15	16	17	18
16..	35..	54..	5	6	7	8	9	10	11	12	13	14	15	16	17	18	19	1	2	3	4
17..	36..	55..	10	11	12	13	14	15	16	17	18	19	1	2	3	4	5	6	7	8	9
18..	37..	57..	15	16	17	18	19	1	2	3	4	5	6	7	8	9	10	11	12	13	14

Wie eine unmittelbare Beobachtung ergab, fiel zur Zeit des Dionysius Exiguus der Ostervollmond des Jahres 532 auf den 5. April (Februar), somit Neumond auf den 23. März (Januar). Hat man somit das Ostervollmondsdatum des ersten Jahres einer solchen 19jährigen Periode festgelegt, so findet man, da das gebundene Mondjahr entweder um 19 Tage länger oder um 11 Tage kürzer als das (julianische) Sonnenjahr von 365 Tagen ist, die Ostergrenze der folgenden Jahre auf eine doppelte Weise: 1. Entweder zählt man von dem gegebenen Datum um 19 Tage vorwärts und geht, falls die oberste Grenze, nämlich der 19. April (= 50. März) überschritten wird, um 30 Tage zurück. Oder 2. man zählt von dem gegebenen Datum um 11 Tage rückwärts und geht, falls man vor die früheste Ostergrenze (21. März) kommt, um 30 Tage vorwärts.

Wenden wir zunächst die erste Weise an. In den Jahren mit der goldenen Zahl 1 ist die Ostergrenze der 5. April = 36. März, mit der goldenen Zahl 2 der $(36 + 19)^{te}$ März, wofür der $36 + 19 - 30 = 25$. März genommen wird, mit der goldenen Zahl 3 der $(36 + 19 \cdot 2 - 30)^{te}$ März. Bezeichnen wir das Datum des Ostervollmondes allgemein als den $(36 + \tau)^{ten}$ März, so ist τ für die goldene Zahl 1 = 0, für die goldene Zahl 2 = 19, für die goldene Zahl 3 = $19 \cdot 2 - 30$ usw. Dieses stetige Addieren von 19 und Subtrahieren von Vielfachen der Zahl 30 kann man auch so ausführen, dass man stets 19 addiert und die Summe mit 30 dividiert; der verbleibende Rest ist die Zahl τ. Somit ist τ für die goldene Zahl

$$
\begin{array}{ll}
1 & 0 = (19 \cdot 0 : 30)_r \\
2 & 19 = (19 \cdot 1 : 30)_r \\
3 & 19 \cdot 2 - 30 = (19 \cdot 2 : 30)_r \\
4 & 19 \cdot 3 - 30 = (19 \cdot 3 : 30)_r \\
G & 19 \, (G-1) - 30 \, v = [19 \, (G-1) : 30]_r. \, ^1
\end{array}
$$

Da aber $G = \left(\dfrac{z}{19}\right)_r + 1$ ist, so ist $G - 1 = \left(\dfrac{z}{19}\right)_r$; diese Zahl nennen wir a. Demnach ist im julianischen Kalender allgemein

$$\tau = (19 \, a : 30)_r.$$

Es hat daher τ folgende Werte:

Goldene Zahl	1	2	3	4	5	6	7	8	9	10	11	12	13	14	15	16	17	18	19
τ	0	19	8	27	16	5	24	13	2	21	10	29	18	7	26	15	4	23	12.

Die Ostergrenze irgend eines Jahres z ist daher der $[36 + (19 \, a : 30)_r]^{te}$ März, wobei aber in den Fällen, wo ein späteres Datum als der 50. März herauskommt — es geschieht das, wenn $\tau > 14$ ist —, der 30 Tage früher liegende Vollmondstag genommen werden muss. Beispiele: Für das Jahr 387 ist $a = (387 : 19)_r = 7$; $\tau = (19 \cdot 7 : 30)_r = 13$; daher die Ostergrenze der $(36 + 13)^{te}$ März = 18. April. Für das Jahr 1909 (julianisch) ist $a = 9$, $\tau = (19 \cdot 9 : 30)_r = 21$, daher Vollmond am $(36 + 21)$ = 57. März (26. April). Da dies Datum aber zu spät liegt, so muss als Ostergrenze der Tag des vorhergehenden Vollmondes, der $(57 - 30) = 27$. März, genommen werden.

Aber die unbequeme Notwendigkeit, für den Fall, dass $\tau > 14$ ist, den nächst vorhergehenden Vollmondstag zu nehmen, wird vermieden, wenn man bei der Berechnung von der frühesten Ostergrenze, dem 21. März, ausgeht. Hierbei bezeichnen wir das Datum des Ostervollmondes allgemein als den $(21 + d)^{ten}$ März. ^{2} Dann gibt d den Abstand der Ostergrenze vom 21. März an, und es ist offenbar $d = 15 + \tau$ oder, indem der Wert von τ eingesetzt wird, $= 15 + (19 \, a : 30)_r$, oder

$$d = [(19 \, a + 15) : 30]_r.$$

In der Reihenfolge der goldenen Zahlen hat d diese Werte: 15, 4, 23, 12, 1, 20, 9, 28, 17, 6, 25, 14, 3, 22, 11, 0, 19, 8, 27. Beispiel: Für 1909 (jul.) ist $a = 9$, $d = [(19 \cdot 9 + 15) : 30]_r = 6$, die Ostergrenze der $(21 + 6) = 27$. März.

Wählen wir den zweiten Weg, nämlich vom 36. März ab stets um 11 zurückzugehen, so ist die Ostergrenze der $(36 - \delta)^{te}$ März. Kommt man aber vor den 21. März, was geschieht, wenn $\delta > 15$ ist, so muss der nächstfolgende Vollmondstag genommen werden, d. h. die Ostergrenze ist der $(36 - \delta + 30)^{te}$ März. Indem wir ähnlich wie vorhin verfahren, ist δ bei der goldenen Zahl 1 = 0, bei der gol-

---

^{1} 30 v bezeichnet ein beliebiges Vielfaches von 30, ist also = $30 \cdot 2$, $30 \cdot 3$, $30 \cdot 4$ usw.

^{2} Später werden wir sehen, dass die Zahl d bzw. τ *clavis terminorum* für den 21. bzw. 36. März genannt wird.

denen Zahl $2 = 11 \cdot 1$, bei der goldenen Zahl $3 = 11 \cdot 2$, bei der goldenen Zahl 4 $= 11 \cdot 3 - 30 = 3$, allgemein

$$\delta = (11\,a : 30)_r,$$

eine Formel, die schon Dionysius Exiguus bekannt war und wahrscheinlich von den Alexandrinern gefunden worden ist. Für δ entstehen daher in der Reihenfolge der goldenen Zahlen diese Werte: 0, 11, 22, 3, 14, 25, 6, 17, 28, 9, 20, 1, 12, 23, 4, 15, 26, 7, 18. Beispiele: Für das Jahr 1909 (jul.) ist $a = 9$, $\delta = (11 \cdot 9 : 30)_r = 9$, die Ostergrenze der $(36 - 9) = 27$. März. — Für das Jahr 387 ist $a = 7$, $\delta = (11 \cdot 7 : 30)_r$ $= 17$, Vollmondstag der $(36 - 17) = 19$. März; da dies Datum zu früh liegt, so ist die Ostergrenze der $(36 - 17 + 30)^{te}$ März = 18. April.[1]

Aber auch hier soll die Notwendigkeit, für die Fälle, wo $\delta > 15$ ist, den nächstfolgenden Vollmondstag zu nehmen, überflüssig werden dadurch, dass wir von der spätesten denkbaren Ostergrenze, dem 50. März, ausgehen. Hier bezeichnen wir die Ostergrenze als den $(50 - \varepsilon)^{ten}$ März; da sie aber auch der $(36 - \delta)^{te}$ März ist, so ist $50 - \varepsilon = 36 - \delta$, daher $\varepsilon = 14 + \delta$. Oder indem für δ der vorhin gefundene Wert gesetzt wird, ist

$$\varepsilon = 14 + (11\,a : 30)_r \text{ oder } = [(11\,a + 14) : 30]_r.[2]$$

Die Zahl ε hat demnach entsprechend den 19 Cyklusjahren diese Werte: 14, 25, 6, 17, 28, 9, 20, 1, 12, 23, 4, 15, 26, 7, 18, 29, 10, 21, 2.

Die Ostergrenze eines Jahres z wird also gefunden durch $\left(\dfrac{z}{19}\right)_r = a$ (welche Zahl stets um 1 kleiner als G ist) und ferner

entweder 1. durch $(19\,a : 30)_r = \tau$, sie ist der $(36 + \tau)$ bzw. $(36 + \tau - 30)^{te}$ März,

oder 2. durch $[(11\,a + 15) : 30]_r = d$ $\Big\}$ sie ist der $(21 + d)^{te}$ März.
  oder durch $15 - (11\,a : 30)_r = d$

oder 3. durch $(11\,a : 30)_r = \delta$, sie ist der $(36 - \delta)$ bzw. $(36 - \delta + 30)^{te}$ März.

oder 4. durch $[(11\,a + 14) : 30]_r = \varepsilon$, sie ist der $(50 - \varepsilon)^{te}$ März.

Um aber vom 17. April des Jahres mit der goldenen Zahl 19 zum 5. April des folgenden ersten Cyklusjahres zu kommen, muss man statt 11 die Zahl 12 subtrahieren oder 18 statt 19 addieren. Es ist dies der schon oben erwähnte Mondsprung *(saltus lunae)*.[3] Eine vollständige Übersicht der (julianischen) Ostergrenzen

---

[1] Da $36 = 21 + 15$ ist, so kann die früher besprochene Zahl d auch durch diese Formel ausgedrückt werden:

$$d = 15 - (11\,a : 30)_r, \text{ bzw. } = 15 - (11\,a : 30)_r + 30.$$

[2] Später wird sich ergeben, dass δ und ε Epakten heissen, die erstere mit dem Sitz am 23. März (Januar), die zweite mit dem Sitz am 37. oder 7. März (Januar).

[3] Der Mondsprung ist bereits in dem oben S. 23 Gesagten begründet. Seine Berechtigung lässt sich aber auch so erweisen. Der Unterschied zwischen einem Mondjahr und einem julianischen Sonnenjahr beträgt nicht 11 Tage, sondern nur 10 T. 21 St. 11 Min. 24 Sek. Man hat somit in 19 Jahren 19 mal 2 St. 48 Min. 36 Sek. = 2 T. 5 St. 23 Min. 24 Sek. zu viel abgezogen. In demselben Zeitraum hat man 7 mal, nämlich im 3., 6., 8., 11., 14., 17. und 19. Cyklusjahr, je 1 Schaltmonat von 30 Tagen eingeschoben, also 7 mal 11 St. 15 Min. 57 Sek. (s. S. 22) = 3 T. 6 St. 51 Min. 39 Sek. zu viel eingefügt. Somit ist zu viel eingefügt 1 T. 1 St. 28 Min. 15 Sek. Deshalb werden am Schluss des Cyklus 12 statt 11 Tage abgezogen. Trotz dieser Korrektur bleibt noch zu viel eingefügt 1 St. 28 Min. 15 Sek. Dieser Fehler haftet noch heute der Berechnung im julianischen Kalender an, während er im gregorianischen ebenfalls beseitigt ist (siehe später!).

ist bereits in der Tabelle S. 25 und in besserer Ordnung und in anderem Zusammenhang in der Tabelle S. 33 in der mit „Jul. Kal." überschriebenen Vertikalreihe angegeben.

b) Im gregorianischen Kalender.

Dies ist die cyklische Bestimmung der Ostergrenze im julianischen Kalender. Die zwei Voraussetzungen aber, auf denen sie aufgebaut ist, nämlich: 1. dass das Sonnenjahr $365^1/_4$ Tage habe, 2. dass 235 Mondmonate gleich 19 julianischen Sonnenjahren seien, sind nur annähernd richtig, wie folgendes erweist:

1. Das tropische Jahr hat nur 365 Tage 5 St. 48 Min. 46 Sek. Der Überschuss des julianischen Jahres (11 Min. 14 Sek.) macht in 128 Jahren fast 1 Tag (genau 23 St. 57 Min. 52 Sek.) aus; also sind 128 julianische Jahre = 128 tropischen Jahren + 1 Tag. Daher gehen die Jahreszeiten, darunter die Äquinoktien und Solstitien, im julianischen Jahre allmählich rückwärts und zwar in 128 Jahren um 1 Tag. Um das Jahr 1580 z. B. fiel das astronomische Frühlingsäquinoktium auf den 11. März, während das cyklische am 21. März ist.[1]

2. Die 235 synodischen Monate (à 29 T. 12 St. 44 Min. 3 Sek. = 6939 T. 16 St. 31 Min. 45 Sek.) sind kürzer als 19 julianische Jahre (= 6939 T. 18 St.) um 1 St. 28 Min. 15 Sek.; es macht dies in $16^1/_2 \cdot 19 = 310$ Jahren 1 Tag aus. Ist also z. B. für die goldene Zahl 1 am 5. April Vollmond, so ist er nach 310 Jahren astronomisch bereits am 4. April. Dies bewirkt für das Jahr 1582 etwas mehr als $3^1/_2$ Tag, da von 532 bis 1582 1050 Jahre, d. h. etwas mehr als $310 \cdot 3^1/_2$ Jahre verflossen sind. Für das Jahr 1800 beträgt der Unterschied $(1800 - 532) : 310 =$ etwas mehr als 4 Tage.

Also sowohl die Äquinoktien als auch die Mondphasen werden im julianischen Stil im Vergleich zu der astronomischen Wirklichkeit stets zu spät angesetzt und zwar jene in 128 Jahren, diese in 310 Jahren um je einen Tag, ein Umstand, der in einer langen Zeitdauer ein auffälliges Abweichen der Feste von den kirchlich ihnen zugewiesenen Zeiten bewirkt.

Beide Fehler beseitigte nach dem Stande der damaligen astronomischen Kenntnisse der gregorianische Kalender. Um das Frühlingsäquinoktium auf sein herkömmliches Datum (21. März) zu bringen, liess man im Okt. 1582 10 Tage

---

[1] C. Julius Cäsar hatte den Anfang des ersten Jahres seines Stils, d. h. den 1. Jan. 45 vor Chr. so gewählt, dass das astronomische Frühlingsäquinoktium am 23. März war. Es war bereits um die Mitte des 3. christlichen Jahrhunderts auf den 20. März gekommen. Aber infolge einer ungenauen Beobachtung hatte man für das Jahr 45 vor Chr. den 25. März als Frühlingsanfang genommen, ein Termin, der in fast alle Kalenderwerke bis auf unsere Zeit übergegangen ist. Zu der Zeit, in welche die ersten Anfänge der alexandrinischen Festberechnung zurückreichen, war das Äquinoktium am 21. März; dadurch ist es gekommen, dass für diese Methode der 21. März als Frühlingsanfang gilt. Durch seine Ausschaltung von 10 Tagen im Oktober 1582 sorgte Papst Gregor XIII. dafür, dass der 21. März als Tag des kalendarischen Frühlingsanfangs mit der astronomischen Wirklichkeit übereinstimme. Hätte er den Termin zur Zeit des Cäsar herstellen wollen — was sinn- und zwecklos gewesen wäre —, so hätte er 12 Tage ausschalten müssen. Und hätte er gar den 25. März nehmen wollen, so wäre die Unterdrückung von 14 kalendarischen Tagen nötig gewesen.

(5.—14. Okt.)[1] ausfallen und bestimmte für die Zukunft zur Verhütung neuer Fehler, dass in denjenigen Säkularjahren, deren Zahl nicht mit 400 ohne Rest teilbar ist, also z. B. in den Jahren 1700, 1800, 1900, 2100 usw., die Einfügung des Schalttages unterbleibe. Den dadurch bewirkten Unterschied der Tage des julianischen und gregorianischen Kalenders **s** findet man durch die Formel, in der h die Jahrhundertzahl bezeichnet:

$$s = h - \left(\frac{h}{4} + 2\right).$$

Denn im Jahre 1600 macht der Unterschied 10 Tage aus; von da wächst er mit jedem Jahrhundert um 1 Tag, jedoch nicht im jedesmaligen 4. Jahrhundert; folglich ist der Unterschied

$$s = 10 + (h - 16) - \frac{h - 16}{4} = h - \left(\frac{h}{4} + 2\right). \text{[2]}$$

Demnach ist s z. B. in der Zeit von 1582—1699 = 10 Tage, von 1900—2099 = 13 Tage usw. Dieser Ausfall der Tage, deren Summe man die S o n n e n g l e i c h u n g nennt, bewirkt aber ein Vorwärtsrücken aller Daten, also auch der Daten der Mondphasen, speziell des Ostervollmondes, um ebensoviele Tage. Denn z. B. der 5. April des julianischen Kalenders verwandelt sich für die gregorianischen Jahre 1583—1699 in den 15. April, für die Jahre 1700—1799 in den 16. April usw.

Zur Beseitigung der zweiten Ungenauigkeit wurden die Daten der Mondphasen um die 3 Tage, die sie damals im Kalender zu spät berechnet waren, zurückgesetzt, also z. B. die Ostergrenze der Jahre mit der goldenen Zahl 1 vom 5. April (= 15. April gregorianisch) auf den 2. April (= 12. April gregorianisch),[3] ferner für die Zeit vom Jahre 1800 an um noch einen weiteren Tag, also um 4 Tage; es wurde weiter bestimmt, dass von dem Jahr 1800 ab, für das nach Ausscheiden der erwähnten 4 Tage der cyklische Mondkalender mit der astronomischen Wirklichkeit in sehr genaue Übereinstimmung gebracht war, in einem Zeitraum von $8 \cdot 312\frac{1}{2} = 2500$ Jahren[4] die

[1] Man wählte für den Ausfall gerade diese Tage, weil damals in diese Zeit nur kirchliche Feste niederen Grades fielen (s. das *Missale Romanum*).

[2] Diese Formel gilt auch, wenn man die gregorianische Schaltregel auf die Zeit vor Einführung des verbesserten Kalenders anwenden will.

[3] In vielen Kalenderwerken, z. B. bei W i s l i c e n u s, Der Kalender S. 47 (vgl. G o l d - s c h e i d e r, Die Gausssche Osterformel I S. 12; L e r s c h, Einleitung II S. 89) liest man, es hätte eigentlich 5 (oder 4) Tage zurückdatiert werden müssen, da von 1 vor Chr. bis 1582 nach Chr. mehr als $5 \cdot 312\frac{1}{2}$ Jahre verflossen waren. Ein eigenartiger Fehler, der dadurch veranlasst ist, dass das Jahr 1 vor Chr. als Jahr genommen wird für die Beobachtung einer Mondphase, die erst vom Abt Dionysius um 530 angestellt wurde, somit nur für diese Zeit zutrifft (s. S. 26). Im Jahr 1 vor Chr. war Neumond nicht am 23. Januar und März, sondern in Wirklichkeit 532 : 310 Tage, also fast 2 Tage früher, am 25. Januar und März. Wir geben hier nach L a r g e - t e a u s Mondtafeln (Paris 1843) noch einige Ostervollmondsdaten für Jahre mit der goldenen Zahl 1, die hier in Betracht kommen:
532 am 5. April,
1577 am 2. April,
1805 am 1. April (julianisch) = 13. April (gregorianisch).
Hieraus ergibt sich die Richtigkeit der Festsetzungen der gregorianischen Reform.

[4] Nach dem damaligen Stande der astronomischen Kenntnisse, wie sie in den *Prutenicae tabulae caelestium motuum autore Erasmo Reinholdo*, Tubingae 1551 u. 1552 enthalten sind,

Monddaten 8 mal um je 1 Tag zurückgesetzt werden; und zwar soll dies 7 mal nach je 300 Jahren und dann 1mal nach 400 Jahren geschehen. Man kann aber als Normaljahr auch das Jahr 1400 nehmen und sagen, dass von da an die Zurücksetzung um je 1 Tag 1mal nach 400 Jahren und dann 7 mal nach je 300 Jahren erfolge, worauf die Massregel wiederholt wird. Nach dem Jahre 1400 erfolgt also die Zurücksetzung aller Monddaten um je 1 Tag in den Jahren[1]

1800	2100	2400	2700	3000	3300	3600	3900
4300	4600	4900	5200	5500	5800	6100	6400
6800	7100	7400	7700	8000	8390	8600	8900 usw.

Die Summe der durch diese Regulierung ausfallenden Tage wird allgemein **Mondgleichung** genannt. Im Jahre 1800 beträgt sie 4 Tage, vom Jahre 1400 ab 3 Tage. Von letzterem Jahre an tritt die Vermehrung derselben alle **drei** Jahrhunderte **einmal** ein, jedoch bleibt dabei das 17. Hundertjahr und darnach jedes 25. Hundertjahr, also das 42., 67., 92., 117. unbeachtet, es bleiben also ungezählt $1 + \dfrac{h - 17}{25}$ Hundertjahre. Somit beträgt der Zuwachs

$$\frac{h - 14 - \left(1 + \dfrac{h - 17}{25}\right)}{3} = \frac{h - \dfrac{h - 17}{25}}{3} - 5 \text{ Tage.}$$

Nimmt man hinzu die 3 Tage der Mondgleichung von 1400 ab, so ist die gesamte Mondgleichung (m) irgend eines Jahres vom Jahre 1500 ab

$$m = 3 + \frac{h - \dfrac{h - 17}{25}}{3} - 5 = \frac{h - \dfrac{h - 17}{25}}{3} - 2 \text{ Tage.}[2]$$

Die Mondgleichung kann aber auch noch anders ausgedrückt werden. Da sie vom 14. Jahrhundert ab in 25 Jahrhunderten um 8 Tage zunimmt, so beträgt ihr Zuwachs in (h — 14) Jahrhunderten

$$\frac{8\,(h - 14)}{25} = \frac{8\,h + 13}{25} - 5 \text{ Tage.}$$

---

wurde der Mondmonat zu 29 T. 12 St. 44 M. 3,18 Sek. angenommen, was erst in 312^1/$_2$ Jahren einen ganzen Tag ausmacht, während die genauere Berechnung diesen Unterschied schon für 310 Jahre ergibt; der sehr unbedeutende Fehler liesse sich beseitigen durch die Bestimmung, dass in 10 · 310 = 3100 Jahren die Rückdatierung 9 mal nach je 300 Jahren und dann 1 mal nach 400 Jahren erfolge. Es ergibt das erst nach 38 750 Jahren einen Unterschied von **einem** Tage, da 38 750 : 312 ^{1}/$_2$ = 124, dagegen 38 750 : 310 = 125 ist. Es würde dann der S. 32 erwähnte Wert $\dfrac{h}{3}$ bis zum Jahre 4799 gelten, es müsste ferner der Wert $\dfrac{8\,h + 13}{25}$ durch $\dfrac{10\,h + 15}{31}$ ersetzt werden. Da die Frage erst für das Jahr 4200 aktuell wird, so hat man reichlich Zeit, sich dieselbe reiflich zu überlegen.

[1] In mehreren kalendarischen Werken, z. B. Wislicenus, Der Kalender S. 50, Beau, Die Berechnung des Osterfestes (Sorau 1905) S. 8 findet sich die irrige Angabe, dass die Vermehrung der Mondgleichung im Jahre 4000 eintrete, indem als Normaljahr fälschlich das Jahr 1500 statt 1400 (oder 3900) betrachtet wird.

[2] Es ist dies die Formel, die Delambre, *Connaissance de temps pour 1817* S. 307, aber ohne Beweis, aufgestellt hat. Sie eignet sich übrigens nur für die Zeit von 1500 ab.

Werden die noch erwähnten 3 Tage hinzugefügt, so ergibt sich für den Gesamt-wert der Mondgleichung

$$m = \frac{8\,h + 13}{25} - 2 \text{ Tage.}^{1}$$

Für die Zeit von 1500—4199 kann die Formel noch vereinfacht werden. In dieser Zeit beträgt der Zuwachs der Mondgleichung in 3 Jahrhunderten 1 Tag, somit in $h - 15$ Jahrhunderten $\dfrac{h - 15}{3} = \dfrac{h}{3} - 5$ Tage, daher die gesamte Mondgleichung

$$m = \frac{h}{3} - 5 + 3 = \frac{h}{3} - 2 \text{ Tage,}$$

was sich ohne weiteres auch aus der Delambreschen Formel ergibt. Diese ver-einfachte Formel werden wir im Folgenden stets anwenden. Statt $\dfrac{h}{3}$ ist für die Zeit von 4200 (und vor 1400) stets der Wert $\dfrac{8\,h + 13}{25}$ oder der Delambresche Wert einzusetzen.[2]

Somit bewirken Mond- und Sonnengleichung ein Zurücksetzen und Vorwärts-datieren der Daten der Monderscheinungen. Beide Arten der Verbesserung heben sich auf, wenn sie zugleich eintreten, z. B. in den Jahren 1800, 2100, 2700, 3000 3300 usw. Da das Vorwärtsdatieren durch die Sonnengleichung immer grösser ist als das Zurückweichen durch die Mondgleichung, so wird insgesamt ein Vorwärts-datieren bewirkt; und zwar ist der Unterschied

$$u = s - m = h - \left(\frac{h}{4} + 2\right) - \left(\frac{h}{3} - 2\right) = h - \left(\frac{h}{3} + \frac{h}{4}\right).$$

Darnach ist im gregorianischen Kalender

$u =$ 7 Tage in der Zeit von		1583—1699			
$= 8$ „ „ „ „ „		1700—1899			
$= 9$ „ „ „ „ „		1900—2199			
$= 10$ „ „ „ „ „		2200—2299 und 2400—2499			
$= 11$ „ „ „ „ „		2300—2399 und 2500—2599			
$= 12$ „ „ „ „ „		2600—2899 usw.			

Zum Zweck der arithmetischen Berechnung der gregorianischen Ostergrenzen muss in allen bisherigen und späteren Formeln die Zahl u in passender Weise be-rücksichtigt werden. Darnach ist im gregorianischen Stil

$$\tau = [(19\,a + u) : 30],$$
$$d = [(19\,a + 15 + u) : 30]_r, \text{ oder}$$
$$= 15 + u - (11\,a : 30)_r,$$
$$\delta = [(11\,a - u) : 30]_r,$$
$$\varepsilon = [(11\,a + 14 - u) : 30]_r.$$

---

[1] Letztere Formel ist die von G a u s s (Zeitschrift f. Astronomie und verwandte Wissensch., von B. v. L i n d e n a u u. J. G. Fr. B o h n e n b e r g e r, Bd. I [1816] S. 158) aufgestellte. Sie ist weniger bequem als die erste, gilt aber nötigenfalls auch für die Zeit vor 1400.

[2] Erst von 4200 ab ergibt sich für die beiden Arten ein Unterschied, da $\dfrac{42}{3} = 14$, dagegen

$$\frac{8 \cdot 42 + 13}{25} \text{ oder } \frac{42 - \dfrac{42 - 17}{25}}{3} = 13 \text{ ist.}$$

Hieraus ergeben sich folgende Reihen der gregorianischen Ostergrenzen für die Zeit von 1583—4199, denen die julianischen zum Vergleich .beigefügt sind. (Die Zahlen 21—31 Tage des März, die Zahlen 1—19 Tage des April. Über $\overline{19}$ und $\overline{18}$ siehe S. 34 f.):

Ostergrenzen.

Goldene Zahl	Julian. Kal.	1583–1699	1700–1899	1900–2199	2200–2299 / 2400–2499	2300–2399 / 2500–2599	2600–2899	2900–3099	3100–3399	3400–3499 / 3600–3699	3500–3599 / 3700–3799	3800–4099	4100–4199
1	5	12	13	14	15	16	17	18	$\overline{19}$	21	22	23	24
2	25	1	2	3	4	5	6	7	8	9	10	11	12
3	13	21	22	23	24	25	26	27	28	29	30	31	1
4	2	9	10	11	12	13	14	15	16	17	18	$\overline{19}$	21
5	22	29	30	31	1	2	3	4	5	6	7	8	9
6	10	17	18	$\overline{19}$	21	22	23	24	25	26	27	28	29
7	30	6	7	8	9	10	11	12	13	14	15	16	17
8	18	26	27	28	29	30	31	1	2	3	4	5	6
9	7	14	15	16	17	18	$\overline{19}$	21	22	23	24	25	26
10	27	3	4	5	6	7	8	9	10	11	12	13	14
11	15	23	24	25	26	27	28	29	30	31	1	2	3
12	4	11	12	13	14	15	16	17	$\overline{18}$	$\overline{19}$	21	22	23
13	24	31	1	2	3	4	5	6	7	8	9	10	11
14	12	$\overline{19}$	21	22	23	24	25	26	27	28	29	30	31
15	1	8	9	10	11	12	13	14	15	16	$\overline{17}$	$\overline{18}$	$\overline{19}$
16	21	28	29	30	31	1	2	3	4	5	6	7	8
17	9	16	17	$\overline{18}$	$\overline{19}$	21	22	23	24	25	26	27	28
18	29	5	6	7	8	9	10	11	12	13	14	15	16
19	17	25	26	27	28	29	30	31	1	2	3	4	5

Im julianischen Stil ist die angegebene Ostergrenzreihe für alle Zeiten konstant. Im gregorianischen Stil dagegen sind die Ostergrenzreihen nach den Jahrhunderten verschieden; und zwar gibt es, da der Ostermond sich innerhalb 30 Tagen bewegt, 30 verschiedene Ostergrenzreihen. Es fragt sich, wann alle 30 Reihen erschöpft sein werden. Da die erste Reihe so beginnt, dass u = 7 ist (s. S. 32), so werden sie alle vorhanden sein, wenn die folgenden Reihen u = 8, 9, 10 .... 30 (oder 0), 31 (oder 1), ... 36 (oder 6) haben. Hieraus ergibt sich auf die gestellte Frage als Antwort die Gleichung u oder $h - \dfrac{8\,h+13}{25} - \dfrac{h}{4} = 36$. Die Ausführung derselben liefert h = 84. Somit hat das Jahrhundert 8400—8499 die letzte Ostergrenzreihe. Vom Jahre 8500 an, wo u = 37 (oder 7) ist, kehren, freilich nicht in der früheren Folge, die Reihen wieder. Dies ist auch aus der folgenden Tabelle ersichtlich, welche die der goldenen Zahl 1 entsprechende Ostergrenze der Reihen bis zum Jahre 8799 liefert; in derselben bezeichnet H die Jahrhundertzahl der Jahre, O^1 die Ostergrenze der Jahre mit der goldenen Zahl 1 (Zahlen 24—31 = Daten des März, 1—13 = Daten des April):

H 41	42	43	44	45	46	47	48	49	50	51	52	53	54	55
O¹ 24	25	25	25	26	26	27	27	27	28	29	28	29	30	30

H 56	57	58	59	60	61	62	63	64	65	66	67	68	69	70
O¹ 30	31	31	1	1	1	2	3	2	3	4	5	4	5	6

H 71	72	73	74	75	76	77	78	79	80	81	82	83	84	85	86	87
O¹ 6	6	7	7	8	8	8	9	10	9	10	11	11	11	12	12	13

Zwei Sonderbestimmungen des gregorianischen Stils.

Im gregorianischen Stil hat man zwei willkürliche Sonderbestimmungen eingeführt: 1. Die späteste Ostergrenze, der 19. April, wird regelmässig in den 18. April umgeändert. 2. Die Ostergrenze, der 18. April, wird in den 17. April geändert, wenn die goldene Zahl grösser als 11, somit a > 10 ist. Sie haben folgenden Grund. Die Ostergrenze bewegt sich in dem 30 tägigen Zeitraum vom 21. März bis 19. April einschliesslich. Wie aber die Tabellen S. 24 und 25 zeigen, gehören im julianischen Stil die 19 Ostervollmondstage der Zeit vom 21. März bis 18. April an; dieser Tag ist die letzte Ostergrenze, der 25. April der späteste denkbare Ostertermin. Elf Tage (der 23., 26., 28., 31. März, 3., 6., 8., 11., 14., 16. und 19. April) entbehren der Eigenschaft, Ostergrenze zu sein. Hingegen kommt im gregorianischen Kalender auch der 19. April als Ostervollmondstag vor, z. B. im Jahre 1905. Hier ist die goldene Zahl 6 (a = 5); ihr entspricht als julianische Ostergrenze der 10. April; für den gregorianischen Stil muss sie aber wegen der Mondgleichung um 4 Tage früher angesetzt werden, somit auf den 6. April, der infolge der Sonnengleichung (des Ausfalles von 13 Tagen) dem 19. April gregorianischen Stils gleich ist. Demnach ist hier der späteste denkbare Ostertag der 26. April (z. B. im Jahre 1981). Deshalb hätte man den Zeitraum für das Osterfest gegenüber der früheren Zeit um 1 Tag verlängern müssen. Aber man hielt am 25. April als spätestem Osterdatum fest aus zwei praktischen Gründen: einmal aus Rücksicht auf die durch den Gebrauch vieler Jahrhunderte ehrwürdige Festordnung der Kirche und auf die Einrichtung der liturgischen Bücher,[1] zweitens um die vielen Schwierigkeiten, die sich der Einführung des neuen Kalenders aus mancherlei Bedenken entgegenstellten, nicht noch durch die Vergrösserung der Osterfestzeit zu vermehren. Da nun das nächstvorhergehende Vollmondsdatum, der 20. März, als dem Winter zugehörig von der Osterzeit ausgeschlossen ist, so setzte man die Ostergrenze vom 19. auf den 18. April zurück (dadurch erhöht sich der Wert von δ und ε um 1, vermindert sich der von τ und d um 1; wir schreiben $\overset{+}{16}$ und $\overset{+}{0}$, $1\overset{-}{4}$ und $2\overset{-}{9}$). Diese Änderung machte aber noch eine zweite Sonderbestimmung notwendig. Da nämlich die Theorie des Cyklus das zweimalige Vorkommen derselben Zahl in derselben Reihe überhaupt ausschliesst, so muss, wenn mit dem in den 18. verwandelten 19. April

---

[1] Christoph Clavius, ein deutscher Jesuit († 1612), der das Hauptwerk über den neuen Kalender verfasste (*Romani Calendarii a Gregorio XIII restituti explicatio*, Rom 1603), sagt hierüber: *„Ita nihil prorsus immutandum erit in breviariis ac missalibus, permanebuntque iidem termini paschales, quos sancti illi patres in concilio Nicaeno constituerunt.“*

in derselben Reihe der 18. April vorkommt, dieser durch den 17. April (der in der gleichen Reihe nie erscheint) ersetzt werden. Das Vorkommen zweier aufeinanderfolgenden Daten ist aber in demselben Mondcyklus überhaupt nur möglich, wenn die dem niedern Datum zugehörige goldene Zahl um 11 abnimmt, da erst 11 Mond- und Sonnenjahre einen Unterschied von $11 \cdot 11 = 121$ Tagen oder nach Ausscheiden von 4 Schaltmonaten zu je 30 Tagen von nur 1 Tag ergeben, wie die Tabelle S. 33 erweist. Somit treten der 18. und 19. April in derselben Reihe nur dann auf, wenn die dem 18. April entsprechende goldene Zahl der Verminderung um 11 fähig, d. h. wenn sie grösser als 11 (somit die Zahl a $>$ 10) ist. Also nur in diesem Falle ist die zweite Änderung der Ostergrenze zulässig. Es kommt dies vor z. B. in der Zeit von 1900—2199, von 3100 bis 3399. In der Tabelle S. 33 und anderswo sind diese Ausnahmen durch die Zahlen 1$\overline{9}$, 1$\overline{8}$ kenntlich gemacht.

Einen Einfluss auf das Datum des Osterfestes hat die Änderung der Ostgrenze nur dann, wenn der 19. bzw. 18. April ein Sonntag, die durch Änderung entstandene Ostergrenze also ein Samstag ist. Man kann daher ohne Nachteil den 19. bzw. 18. April als Ostergrenze überall beibehalten; nur wenn der 26. bzw. 25. April als Ostersonntag herauskommt, muss der 19. bzw. 18. April als Osterdatum genommen werden. Ersteres ist der Fall z. B. in den Jahren 1609, 1981, 2076, 2133, 2201, 2296, 2448, 2668, 2725, 2820; das zweite tritt ein z. B. in den Jahren 1954, 2049, 2106, 3165, 3260, 3317, 3852, 3909, 4004. — In den zwei anderen möglichen Fällen, die den 25. April als Osterdatum ergeben, ist dieses unverändert festzuhalten, z. B. im Jahre 1886 (Ostergrenze der 18. April, aber goldene Zahl 5), im Jahre 1943 (Ostergrenze der 19. April, ein Montag).

2. Mit Hilfe der goldenen Zahl und der alexandrinisch-lilianischen Epakte.

Die im Vorstehenden besprochene Methode der Ostergrenzbestimmung genügt vollständig, da sie sicher zum Ziele führt. Aber schon im Mittelalter wurden noch andere Bestimmungsarten erfunden, sei es, dass man auf die damalige eigenartige Einrichtung des Kalenders Rücksicht nahm, sei es, dass man eine bequemere und raschere Erreichung des Zieles erwartete.

Zu diesen Mitteln gehört als wichtigstes und bei Historikern am meisten bekanntes die sogenannte E p a k t e. Über diese ist vielfach die Ansicht verbreitet, dass sie für die Berechnung des Vollmondes im gregorianischen Zeitstil eigens ersonnen und hier unentbehrlich sei, während sie für den julianischen Kalender sich nicht eigne oder vor der gregorianischen Kalenderreform sogar unbekannt gewesen sei.[1] Beide Meinungen sind verkehrt. Im gregorianischen Stil gelangt man, wie unsere Darlegung zeigt, durch einfaches Vorwärts- und Rückwärtszählen um 19 bzw. 11 mit der goldenen Zahl allein leicht und bequem zum Ziel. Andererseits kannten

---

[1] So z. B. sagt Attensperger, Der gregorianische Kalender (Würzburg 1869) S. 111: „Der julianische Kalender hat die Epakten noch nicht gekannt." S. 160: „Die Epakten sind mit dem neuen Kalender eingeführt worden." Irreführend ist auch die Bemerkung von Goldscheider a. a. O. I. S. 12: „Lilius (Mitglied der gregorianischen Kommission) erfand etwas Neues, den Epaktencyklus."

schon die alexandrinischen Computisten die Epakten; diese waren das ganze Mittelalter im Gebrauch, indem sie in den Werken des Victorius, Dionysius Exiguus, Beda und anderer Chronologen ausführlich besprochen sind und in sorgfältig oder feierlich datierten Urkunden und überhaupt bei genauen Zeitangaben der Chronisten unter den verschiedenen Jahrescharakteren verzeichnet werden. Richtig ist nur das, dass eine bestimmte Art von Epakten durch den bedeutendsten Mann der gregorianischen Kalenderkommission, den aus Kalabrien stammenden Arzt Luigi Lilio († 1576), für die Osterbestimmung sehr stark empfohlen worden und seitdem im neuen Stil sehr gebräuchlich ist. Ob sie eine wesentliche Erleichterung der Bestimmungsweise der Mondphasen bedeuten, das wird dem aufmerksamen Leser die folgende Auseinandersetzung zeigen. Für die Beurteilung dieser Frage ist von vornherein zu beachten, dass auch bei der Epaktentheorie die goldene Zahl nicht entbehrt werden kann.

Das Wort ἐπακταί [1] (zu ergänzen ἡμέραι = herbeigeführte, herbeigeholte Tage) bezeichnet bei griechischen Schriftstellern „Schalttage", im Kalender ursprünglich die Zahl der Tage, die zu den 354 Tagen des Mondjahres hinzugefügt werden müssen, damit die Zahl der Tage des gemeinen Sonnenjahres erreicht werden. Daher sind in diesem Sinne die Epakten des 1. Jahres im 19jährigen Cyklus 11, im 2. Jahre 22, im 3. Jahre 33 oder, indem der in dieser Anzahl von Tagen enthaltene Monat mit 30 Tagen zum vorhergehenden Jahre als Schaltmonat hinzugefügt, daher hier 30 Tage abgezogen werden [2], 3, im 4. Jahre 14 usw., im 19. Jahre 29. Die Epakte wächst also mit jedem Jahre um 11 (dem Unterschied der Tage des Mond- und Sonnenjahres). Diese Epakten geben uns demnach an, wie alt der Mond am Ende eines Sonnenjahres, also zu Beginn des folgenden Jahres ist. Man bezeichnet sie daher als die Epakte oder Mondalter des folgenden Jahres. „Die Epakte des Jahres 1907 ist 16" bedeutet hiernach: An der Wende des Jahres 1906 und 1907, also zu Beginn des 1. Januar 1907 ist der Mond 16 Tage alt. Da der synodische Monat ungefähr 29 1/2 Tage (abwechselnd 29 und 30 Tage) ausmacht, so gibt es 30 Epakten 1—30. Die Epakte 30 bedeutet: Bei Beginn des betreffenden Jahres ist der Mond 30 Tage alt, die dem verflossenen Jahre angehören; es beginnt also ein neuer Mond, der zu Beginn des Jahres 0 Tage alt ist. Aus diesem Grunde bezeichnet man diese Epakte nicht mit 30, sondern mit 0. [3]

Ist also Neumond am 1. Januar, so ist die Epakte 0. Diese Zahl setzt man neben den 1. Januar und, indem man abwechselnd 30 und 29 Tage weiterzählt, auch zu den übrigen Neumondstagen, also neben den 31. Januar, 1. und 31. März, 29. April, 29. Mai, . . . 21 Dezember. Indem man nun dies Verfahren fortsetzt, schreibt man neben den 2. Januar und März, 1. Februar und April, 30. April und Mai, 28. Juni, . . . 22. Dezember die Epakte 29 usw., . . . neben den 30. Januar

---

[1] Verbaladjektiv von ἐπάγω (führe hinzu, hole zu Hilfe, füge hinzu).

[2] Streng genommen haben wir es bei dem 19jährigen Mondcyklus nicht mit Mondjahren, die ein willkürliches, dem Sonnenjahr angeglichenes Gebilde sind, sondern mit 235 Mondmonaten zu tun. Aus diesem Grunde wird hier und überall sonst, so oft die Zahl 30 oder mehr erreicht ist, weil darin ein ganzer Monat enthalten ist, die Zahl 30 subtrahiert, aber auch, wenn es nötig sein sollte, addiert.

[3] Da in der lateinischen Schrift das Zahlzeichen für 0 fehlt, so wird in den lateinisch geschriebenen Werken statt 0 das Zeichen * gesetzt.

und März, 28. Februar, April und Mai, 26. Juni, . . . 20. Dezember die Epakte 1. Da die synodischen Mondmonate abwechselnd 30 und 29 Tage haben, so zählt der 2., 4., 6., 8., 10. und 12. Monat nur 29 Tage; es sind das die hohlen Monate. Diese können demgemäss nur 29 Epakten haben. Man hätte nun eine der Endepakten 0 (= 30) oder 29 in ihnen unterdrücken können. Da aber bei der Kalenderreform das letzte Ostervollmondsdatum, 19. April, in den 18. und demgemäss das Neumondsdatum 6. April in den 5. verwandelt wurde, da ferner, wie wir noch sehen werden, der goldenen Zahl 8 die Epakte 25 und der in der Neumondstabelle (S. 24) ohne Unterbrechung folgenden goldenen Zahl 16 die Epakte 23 entspricht, so ist für die Epakte 24 in den hohlen Monaten des julianischen Kalenders kein Platz, auf Epakte 25 folgt 23, während in den vollen Monaten für sie Raum da ist (s. die erwähnte Tab.). Im gregorianischen Kalender kommt aber bei den zu erwähnenden Berechnungen auch Epakte 24 in den hohlen Monaten vor. Um nun keine wesentlichen Veränderungen zu veranlassen, setzte Clavius[1] die Epakte 24 neben 25, d. h. für beide Epakten setzte er die gleichen Mondphasendaten an. Diese Gleichstellung kommt in allen hohlen Mondmonaten vor; sie trifft im Sonnenjahr auf die Monate mit weniger als 31 Tagen und auf den Anfang des August. Ebenso wurde aus dem oben angegebenen Grunde und unter der angeführten Bedingung, wenn nämlich die goldene Zahl grösser als 11 ist, die Epakte 25 in 26 verwandelt; letzteres kommt vor z. B. in der Epaktenreihe der Jahre 1900—2199, 3100—3399, 3800—4099 (s. die Tabelle S. 39). Diese erhöhten Epakten bezeichnen wir mit 24 und 25.[2] So entsteht die Neumondstabelle des gregorianischen Kalenders S. 24. In derselben zeigen also die in der mit E überschriebenen Vertikalreihe stehenden Epakten die Kalendertage an, auf die in den betreffenden Jahren die Neumonde fallen. Z. B. die Epakte 6 neben dem 25. Januar und März, 23. Februar und April sagt: In einem Jahre mit der Epakte 6 ist am 25. Januar und März usw. Neumond, folglich am 7. Februar, 7. April usw. Vollmond. Hieraus kann man sich durch Weiterzählen mit 13 eine Vollmondstabelle anlegen, wie sie S. 25 für die Osterzeit enthält.

Die Epakten berechnen sich nun in dieser Weise: In den Jahren julianischen Stils mit der goldenen Zahl 1 tritt der erste Neumond am 23. Januar ein; demnach verteilen sich die 30 Tage des vorhergehenden Monats so, dass 22 dem Januar, die 8 ersten Tage dem Dezember angehören. Der Mond ist daher zu Beginn des betreffenden Jahres 8 Tage alt, d. h. die Epakte der Jahre mit der goldenen Zahl 1 ist 8;[3]

---

[1] Lilio hatte einen anderen weniger geeigneten Ausweg versucht; der Vorschlag des Clavius wurde, weil er sich durch die Berechnungstheorie von selbst ergab, vorgezogen.

[2] In den meisten kalendarischen Werken, auch in der Einleitung zum *Missale Romanum*, wo die Epakten meist mit lateinischen Zahlen bezeichnet werden, hat die Epakte 25 das Zeichen 25, während die ungeänderte Epakte 25 durch das lateinische Zahlzeichen ausgedrückt ist; oder es wird diese Ausnahmepakte in anderer Farbe gedruckt als die übrigen Epakten. Hier mag noch erwähnt werden, dass in vielen neueren Brevieren und Missalien in der „*Tabula paschalis nova reformata*" diese Epakte an der falschen Stelle steht, da man sie nicht neben 26, wohin sie gehört, sondern neben 25 gesetzt hat. Dass dies auch in dem *Breviar. Roman. Editio iubilaea Leoni XIII. dicata*, 1901, der Fall ist, darauf hat mich Herr Pfarrer Wagner in Quaritz (Schlesien) aufmerksam gemacht.

[3] In vielen chronologischen Werken findet sich bei Bestimmung der Epakte eine ver-

indem man nun immer 11 Tage (Unterschied des Mond- und Sonnenjahres) zuzählt und nötigenfalls 30 abzieht, erhält man diese Epaktenreihe des julianischen Kalenders, welche die alexandrinische genannt wird:

G. Z. 1 2 3 4 5 6 7 8 9 10 11 12 13 14 15 16 17 18 19
E. 8 19 0 11 22 3 14 25 6 17 28 9 20 1 12 23 4 15 26

Vergleicht man diese Reihe mit den oben S. 28 verzeichneten Reihen von δ und ε, so erkennt man sofort, dass E um 8 grösser als δ und um 6 kleiner als ε ist. Daraus ergibt sich die Berechnungsformel für den julianischen Stil:

$$E = \delta + 8 \text{ oder } \varepsilon - 6 = [(11a + 8):30]_r.$$

Auch hier ist aus dem oben (S. 28) erwähnten Grunde der Mondsprung am Ende der Reihe notwendig: um von der Epakte 26 des letzten Jahres auf die Anfangsepakte 8 zu kommen, muss man 12 statt 11 zuzählen.

Mit Benutzung der julianischen erhält man die gregorianischen Epakten, indem man das oben (S. 30 ff.) berechnete Vorwärtsrücken der Monddaten im gregorianischen Stile, nämlich $u = h - \left(\dfrac{h}{3} + \dfrac{h}{4}\right)$ Tage berücksichtigt. Für die Zeit z. B. von 1583—1699, wo nach dem julianischen Stil der goldenen Zahl 1 mit der julianischen Epakte 8 Neumond am 23. Januar entspricht und das Vorwärtsrücken der Monddaten für die gregorianischen Jahre 7 Tage ausmacht, verwandelt sich dieses Datum in den $(23 + 7) = 30$. Januar, so dass der vorhergehende Mond 29 Tage im Januar und 1 Tag im Dezember hat; demnach ist der Mond bei Beginn dieses Jahres 1 Tag alt; es entspricht somit für die genannte Zeit der julianischen Epakte 8 die gregorianische Epakte 1. Hieraus sowie überhaupt aus dem Begriffe der Epakte erkennt man: Je später der Neumond im Januar eines Jahres eintritt, desto geringer ist das Alter des Mondes zu Beginn des Jahres, desto kleiner daher die Epakte des Jahres. Sonnen- und Mondgleichung zusammen bewirken also im gregorianischen Stil eine Verminderung der Epakte im Vergleich zum julianischen Stil und zwar um so viele Einheiten, um wie viele Tage die gregorianischen Monddaten den julianischen voreilen. Die gregorianische Epakte ist daher gleich der julianischen weniger dem erwähnten Unterschied, also

$$E \text{ (gregorianisch)} = [(11a + 8):30]_r - u \text{ oder } = [(11a + 8 - u):30]_r.$$

Beispiel: Gregorian. Epakte des Jahres 1907? — $(1907:19)_r = 7$; $[(11 \cdot 7 + 8 - 9):30]_r = 16$. Die Epakte des Jahres 1907 ist also 16.

Wird die Zahl negativ, so wird 30 oder ein Vielfaches von 30 addiert. Für das Jahr 1900 z. B. ist $a = 0$, $u = 9$, daher $E = [(0 + 8 - 9):30]_r = -1$ oder $= 30 - 1 = 29$. Für das Jahr 4503 ist $a = 0$, $u = 20$, daher $E = [(0 + 8 - 20):30]_r = -12$ oder $= 30 - 12 = 18$.

wirrende Inkonsequenz: die julianische Epakte wird für den 1. Januar so berechnet, dass nach dem Vorgange der Alexandriner (vgl. Dionysius Exiguus bei Migne LXVII S. 504) dieser Tag mit eingeschlossen wird, dass die Epaktenreihe also besteht aus den Zahlen 9, 20, 1 .... 16, 27, während die gregorianische Epakte den Anfang des ersten Jahrestages berücksichtigt, daher die Zahl 8 — u (nicht 9 — u) ist. Diese störende Ungleichmässigkeit haben wir vermieden durch Festhalten desselben Ausgangspunktes im julianischen und gregorianischen Stil.

Hierauf beruhen folgende alexandrinisch-julianischen Epaktenreihen; in der ersten Vertikalreihe sind die goldenen Zahlen 1—19, in der zweiten die julianischen (alexandrinischen), in den folgenden die gregorianischen Epakten bis zum Jahre 4199 angegeben:

Epakten.

Gregorianischer Kalender.

Goldene Zahl.	Julian. Kal.	1583 bis 1699	1700 bis 1899	1900 bis 2199	2200 bis 2299	2300 bis 2399	2400 bis 2499	2500 bis 2599	2600 bis 2899	2900 bis 3099	3100 bis 3399	3400 bis 3499	3500 bis 3599	3600 bis 3699	3700 bis 3799	3800 bis 4099	4100 bis 4199
1	8	1	0	29	28	27	28	27	26	25	24+	23	22	23	22	21	20
2	19	12	11	10	9	8	9	8	7	6	5	4	3	4	3	2	1
3	0	23	22	21	20	19	20	19	18	17	16	15	14	15	14	13	12
4	11	4	3	2	1	0	1	0	29	28	27	26	25	26	25	24+	23
5	22	15	14	13	12	11	12	11	10	9	8	7	6	7	6	5	4
6	3	26	25	24+	23	22	23	22	21	20	19	18	17	18	17	16	15
7	14	7	6	5	4	3	4	3	2	1	0	29	28	29	28	27	26
8	25	18	17	16	15	14	15	14	13	12	11	10	9	10	9	8	7
9	6	29	28	27	26	25	26	25	24	23	22	21	20	21	20	19	18
10	17	10	9	8	7	6	7	6	5	4	3	2	1	2	1	0	29
11	28	21	20	19	18	17	18	17	16	15	14	13	12	13	12	11	10
12	9	2	1	0	29	28	29	28	27	26	25+	24+	23	14	23	22	21
13	20	13	12	11	10	9	10	9	8	7	6	5	4	5	4	3	2
14	1	24+	23	22	21	20	21	20	19	18	17	16	15	16	15	14	13
15	12	5	4	3	2	1	2	1	0	29	28	27	26	27	26	25+	24+
16	23	16	15	14	13	12	13	12	11	10	9	8	7	8	7	6	5
17	4	27	26	25+	24	23	24+	23	22	21	20	19	18	19	18	17	16
18	15	8	7	6	5	4	5	4	3	2	1	0	29	0	29	28	27
19	26	19	18	17	16	15	16	15	14	13	12	11	10	11	10	9	8

Weiter noch geht folgende Tabelle, in der H das Jahrhundert, E^1 die Anfangsepakte der ihm zukommenden Epaktenreihe bezeichnet (vgl. oben S. 34):

H	41	42	43	44	45	46	47	48	49	50	51	52	53	54	55	56	57	58	59	60	61
E^1	20	19	19	19	18	18	17	17	17	16	15	16	15	14	14	14	13	13	12	12	12

H	62	63	64	65	66	67	68	69	70	71	72	73	74	75	76	77	78	79	80	81	82
E^1	11	10	11	10	9	8	9	8	7	7	7	6	6	5	5	5	4	3	4	3	2

H	83	84	85	86	87	88	89	90	91	92	93	94	95	96	97	98	99	100	101	102
E^1	2	2	1	1	0	0	0	29	28	28	28	27	26	27	26	25	25	25	24+	24+

Da die Epakten den goldenen Zahlen 1—19 entsprechen, so ist auch ihr Cyklus ein 19jähriger. Demgemäss gibt es im julianischen Stil nur 19 Epakten; es fehlen hier die Epakte 2, 5, 7, 10, 13, 16, 18, 21, 24, 27 und 29. Da es aber, entsprechend der Mondmonatslänge von 30 Tagen, 30 verschiedene Epakten geben kann, so sind auch 30 verschiedene Epaktenreihen, beginnend mit 0, 1, 2, 3 ⋯ 29, möglich; sie kommen in der Tat alle im gregorianischen Kalender vor. Hier beginnen die Reihen mit 1 (von 1400—1699), 0 (von 1700—1899), 29 von 1900—2199; demnach sind alle Reihen erschöpft, wenn die letzte mit 2 beginnende Reihe erledigt ist. Es muss somit $8 - u = 2$, demnach $u = 6$ oder vielmehr $= 6 + 30 = 36$ sein; es ist dies in den Jahrhunderten 8200—8499 der Fall (s. oben S. 33). Vom Jahre 8500 an, wo $u = 37$ (oder 7) ist, kehren, freilich nicht in der früheren Reihenfolge, die Reihen wieder (s. die vorstehenden zwei Tabellen).

Aus der Epakte erhält man durch Zuzählen der dem Alter von 30 Tagen noch fehlenden Tage den letzten Tag des laufenden Mondes und dadurch den stets in den Januar fallenden nächsten Neumondstag; der letzte Tag des Mondes fällt somit auf den $(30-E)^{ten}$ Januar, der erste Neumond auf den folgenden Tag, also auf den $(31-E)^{ten}$ Januar. Da ferner Januar und März Neumonde und Vollmonde an demselben Tage haben, so fällt der Osterneumond auf den $(31-E)^{ten}$ März, der 13 Tage später eintretende Ostervollmond auf den $(31-E+13)^{ten} = (44-E)^{ten}$ März. Weil aber, wie wir gesehen, nach den kirchlichen Bestimmungen der Ostervollmond niemals vor den 21. März fallen darf, so muss, wo $(44-E) < 21$ ist, stets der nächste 30 Tage später eintreffende Vollmond genommen werden; es ist dies bei den Epakten 24—29 der Fall. Somit ist die Ostergrenze sehr leicht aus der Epakte E zu bestimmen; sie ist nämlich der $(44-E)^{te}$ oder bei den Epakten 24—29 der $(44 - E + 30)^{te}$ März.

Aus allen diesen leichten Operationen entsteht die Reihe der den Epakten entsprechenden Ostergrenzen, wie sie später S. 42 verzeichnet sind.

Der Begriff der Epakte ist ein in sich fest bestimmter, da er das Mondalter bezeichnet. Trotzdem spricht man insofern von verschiedenen Epaktenarten, als der Tag, für dessen Beginn das Mondalter verzeichnet wird, verschieden ist; dieser Tag wird bei den Computisten *sedes epactarum*, Epaktensitz genannt. Hiernach sind 365 Arten an sich möglich und denkbar. Die bisher besprochene und im gregorianischen Stil ausschliesslich gebrauchte hat als *sedes* den 1. Januar (oder 1. März); zu Ehren des schon früher erwähnten Arztes Luigi Lilio, welcher diese Epakte für die Osterrechnung im neuen Stil zuerst in Vorschlag brachte, nennt man sie die lilianische Epakte; richtiger wäre, da bereits die Alexandriner diese Epakte ausgesonnen hatten, die Benennung „alexandrinisch-lilianisch". Dort, wo man das Jahr mit dem 1. September begann, war dieser Tag *sedes epactarum*. Auch die früher erwähnten Zahlen δ und ε sind Epakten mit dem Sitz am 23. Januar (März) bzw. 7. Januar (März). Dionysius Exiguus und Beda wählten für ihre Berechnung die Epakte δ, weil sie durch die Theorie von selbst gegeben ist und allen anderen Berechnungen zu Grunde liegt. Der 23. März als *sedes*, die vielen Chronologen wunderlich erscheint, ist als Osterneumondsdatum der jul. Jahre mit der goldenen Zahl 1 so selbstverständlich, dass man erstaunt sein müsste, wenn dieser Termin nicht genommen worden wäre. Diese Epakte ist somit keineswegs „kompliziert und verballhornt", sondern ganz natürlich. Nur sagten die mittelalterlichen Computisten in ihrer Weise, die *sedes* derselben sei der 22. (statt 23.) März, wohl deshalb, weil dies Datum der früheste denkbare Ostertermin ist. [1]

---

[1] Geradezu verwirrend ist die zur Zeit der Kalenderreform aufgestellte und als ein unvertilgbares Inventarstück in fast allen chronologischen Werken vorfindliche, sehr unpassend „julianisch" benannte Epakte, bei der man die Mondgleichung jener Zeit (die Zurücksetzung der Monddaten um 3 Tage) in Anrechnung brachte, nicht dagegen inkonsequenterweise die Sonnen-

Eine andere Bestimmungsweise der Ostergrenze mit Hilfe der *Clavis termi-norum* wollen wir erst später besprechen im Zusammenhang mit einer ihr eigen-artigen Bestimmung des Wochentages vermittelst der *Concurrens* und der *Regularis*.

Rückblick.

Bei dem Aufsuchen der Ostergrenze ist das wichtigste und niemals zu ent-behrende Hilfsmittel die g o l d e n e Z a h l; sie wird leicht gefunden durch die Formel $(Z:19)_r + 1$. Auch die öfters erwähnte Zahl $a = (Z:19)_r$ ist weiter nichts als eine andere Bezeichnung für die goldene Zahl, indem bei ihr die Zahlenreihe 0, 1, 2 .... 18 [1] statt der üblichen 1, 2, 3 · · · 19 gebraucht wird.

Bei der goldenen Zahl 1 (oder $a = 0$) ist die Ostergrenze im julianischen Stil der 5. April = 36. März. Dies Datum ist das zweite wichtige Moment, das dem Ge-dächtnis eingeprägt werden muss. Von ihm ausgehend, findet man alle anderen Oster-grenzen, indem man eines der bisher erörterten Mittel, die Zahlen τ, d, δ, E, ε oder auch die später noch zu besprechende Zahl T anwendet; für das gedächtnismässige Aufsuchen eignen sich am meisten die Zahlen τ und δ; erstere beruht auf stetigem Zuzählen von 19 und, wenn man über 50 hinauskommt, Subtrahieren von 30, die zweite im stetigen Abziehen von 11 und, falls man unter 21 gelangt, Addieren von 30.

Im gregorianischen Stil ist noch die Zahl $u = h - \left(\dfrac{h}{3} + \dfrac{h}{4}\right)$ zu berücksichtigen.

In der hier folgenden Tabelle geben wir eine Übersicht der mit diesen Mitteln gefundenen Ostergrenzen. Die in der obersten Reihe verzeichneten goldenen Zahlen sind aber, was hiermit ausdrücklich betont wird, n u r f ü r d e n j u l i a n i s c h e n, nicht für den gregorianischen Stil giltig; die Lücken in deren Reihe zeigen die im julia-nischen Stil fehlenden Ostergrenzen an. Die Sonderbestimmungen des gregorianischen Stils sind hier wie auch sonst durch übergesetzte Zeichen (—, +) kenntlich gemacht.

---

gleichung. Durch sie entsteht diese Epaktenreihe: 11, 22, 3 ... 18, 29. Auch jene alexan-drinischen Epakten, wie sie bei E. S c h w a r t z a. a. O. S. 74 verzeichnet sind, haben als *sedes* den 1. Januar, aber diesen mitgerechnet, streng genommen also den 2. Januar. Sie sind daher um 1 höher als die von uns berechneten Epakten. — Die Epakten bei V i c t o r i u s sind von der goldenen Zahl 7 ab um 2 höher. Auch sie finden hier keine Beachtung.

[1] Die Konsequenz erfordert es, dass man diese Zahlenreihe zur Bezeichnung der goldenen Zahlen gebrauche; denn es werden auch die Epakten mit 0, 1, 2 · · · 29 (nicht mit 1, 2, 3 · · · 30) bezeichnet und die Jahrhunderte mit den Jahren, deren Zahl auf 00 ausgeht, begonnen, indem das 1. Jahrhundert die Jahre 0 bis 99, das 2. Jahrhundert die Jahre 100 bis 199, das 20. Jahr-hundert die Jahre 1900 bis 1999 umfasst (s. die Tab. I und II). Es haben daher diejenigen nicht Unrecht gehabt, welche die letzte Jahrhundertwende am Ende des Jahres 1899 feierten.

G.Z. =	16	5	—	13	2	—	10	—	18	7	—	15	4	—	12	1	—	9	—	17	6	—	14	3	—	11	—	19	—	8	—
τ =	15	16	17	18	19	20	21	22	23	24	25	26	27	28	29	0	1	2	3	4	5	6	7	8	9	10	11	12	1̄3̄	13	1̄4̄
d =	0	1	2	3	4	5	6	7	8	9	10	11	12	13	14	15	16	17	18	19	20	21	22	23	24	25	26	27	2̄8̄	28	2̄9̄
T =	11	12	13	1̇4̇	15	16	17	18	19	20	21	22	23	24	25	26	27	28	29	30	31	32	33	34	35	36	37	38	3̇9̇	39	4̄0̄
♌ =	15	14	13	12	11	10	9	8	7	6	5	4	3	2	1	0	29	28	27	26	25	24	23	22	21	20	19	18	1̇7̇	17	1̄6̇
E =	23	22	21	2̇0̇	19	18	17	16	15	14	13	12	11	10	9	8	7	6	5	4	3	2	1	0	29	28	27	26	2̇5̇	25	2̇4̇
ε =	29	28	27	26	25	24	23	22	21	20	19	18	17	16	15	14	13	12	11	10	9	8	7	6	5	4	3	2	1̇	1	0̇
Ostergr.	21	22	23	24	25	26	27	28	29	30	31	1	2	3	4	5	6	7	8	9	10	11	12	13	14	15	16	17	1̄8̄	18	1̄9̄

| | März | | | | | | | | | | | April | | | | | | | | | | | | | | | | | | | |

Und hieraus ergeben sich die oben S. 32 in der Reihenfolge der goldenen Zahlen für die einzelnen Jahrhunderte (bis 4199) und die in der Tabelle I des Anhanges in der Reihenfolge der Jahre (bis 4099) verzeichneten Ostergrenzen. In letzterer sind die durch die Sonderbestimmungen des gregorianischen Stils geforderten Abweichungen durch 1̇8̇ und 1̇7̇ (an Stelle von 1̄9̄ und 1̄8̄) bezeichnet.

II. Bestimmung des Wochentages der Ostergrenze. Sonntagsbuchstabe.

Das im Vorhergehenden angegebene Verfahren liefert uns das genaue (cyklische) Datum des Ostervollmondes, die sogenannte Ostergrenze. Damit wäre, wenn Ostern bei den Christen wie bei den Juden am Tage des Ostervollmondes selbst gefeiert würde, die Bestimmung des Ostertermins erledigt. Da aber von den Christen das Osterfest auf den folgenden Sonntag verlegt ist, so fällt es auf ein späteres Datum, zu dessen Auffinden gewöhnlich der Wochentag der Ostergrenze gesucht werden muss.

Zur Bestimmung des Wochentages bedient man sich gern des Sonntagsbuchstabens. Es ist dies zwar ein altes Hilfsmittel der kalendarischen Technik, wird aber nicht allgemein angewandt. So z. B. benutzt es Dionysius Exiguus nicht, auch die Alexandriner scheinen es nicht gebraucht zu haben.

Da das gewöhnliche Jahr 52 Wochen und 1 Tag, das alle 4 Jahre wiederkehrende Schaltjahr 52 Wochen und 2 Tage hat, so fällt ein bestimmtes Datum zweier aufeinanderfolgenden Jahre niemals auf den gleichen Wochentag, sondern im zweiten Jahre auf den nächstfolgenden oder nach der Einschaltung im Schaltjahr auf den zweitfolgenden Wochentag. So ist der 1. Januar im Jahre 1903 ein Donnerstag, 1904 ein Freitag, 1905 (nach dem Schaltjahr 1904) ein Sonntag. Erst nach $4 \cdot 7 = 28$ Jahren kehrt dieselbe Reihenfolge der Monatsdaten und Wochentage wieder. Dieser Zeitraum von 28 Jahren heisst Sonnencyklus.

Infolge ihrer Gewohnheit, die Wochentage mit den Ordnungszahlen zu benennen, pflegten die Juden und überhaupt die Orientalen, entsprechend der Siebenzahl der Wochentage, alle Jahrestage mit den sieben ersten Buchstaben ihres Alphabetes zu bezeichnen. Von ihnen übernahmen mit der siebentägigen Woche diese Sitte auch die Römer der Kaiserzeit und mit ihnen die Christen. Somit gab man dem 1., 8., 15.... Januar, ... 31. Dezember den Buchstaben A, dem 2., 9., 16. Januar usw. B, ...dem 7., 14., 21. Januar ... 25. Dezember den Buchstaben G. Die Buchstaben der für die Osterberechnung allein in Betracht kommenden Tage vom 21. März bis 25. (26.) April sind oben S. 25 unter Tb verzeichnet, ebenso in Tab. III des Anhanges. Der den Sonntagen eines jeden Jahres zufallende Buchstabe heisst Sonntags-buchstabe; er ist z. B. im gregorianischen Jahre 1905 A, im gregorianischen Jahre 1906 G. Man bestimmt sie, indem man als Anfangsjahr des 28jährigen Cyklus das Schaltjahr 9 vor Chr. nimmt; dessen 1. Januar war, gemäss der julianischen Schalt-methode, ein Montag,[1] daher sein Sonntagsbuchstabe bis zum Schalttag G, nach dem Schalttag F.[2] Es ergibt sich nun folgende Reihe der Sonntagsbuchstaben:

Sonnenzirkel	1	2	3	4	5	6	7	8	9	10	11	12	13	14
Sonntagsbuchst.	GF	E	D	C	BA	G	F	E	DC	B	A	G	FE	D

Sonnenzirkel	15	16	17	18	19	20	21	22	23	24	25	26	27	28 (= 0)
Sonntagsbuchst.	C	B	AG	F	E	D	CB	A	G	F	ED	C	B	A

Da dieser Sonnencyklus mit dem Jahre 9 vor Chr. beginnt, so findet man

---

[1] Cäsars Bestimmung, dass alle 4 Jahre ein Tag eingeschaltet werde, wurde von den Priestern, denen die Regelung des Kalenders oblag, entweder missverstanden oder absichtlich nicht befolgt; sie machten jedes dritte Jahr zu einem Schaltjahr, so dass das Jahr 9 vor Chr. zwar ein solches war, bis dahin aber 3 Tage zuviel eingeschaltet waren. Infolgedessen ist der 1. Januar des Jahres 9 vor Chr. in Wirklichkeit nicht ein Montag, sondern ein Donnerstag gewesen. Der Kaiser Augustus schärfte im Jahre 8 vor Chr. die julianische Schalt-regel wieder ein und bestimmte zur Beseitigung des bereits entstandenen Fehlers, dass die Jahre 5 und 1 vor Chr. und 4 nach Chr. Gemeinjahre sein sollten. Hiervon werden alle unsere oben im Kontext gemachten Aufstellungen, welche die julianische Schaltung als wirklich durchgeführt annehmen, nicht berührt. Will man aber die wirklichen Wochentage der Daten der in unseren Tabellen genannten Jahre 0—3 nach Chr. finden, so muss man in Tabelle II des Anhanges die Buchstaben B, A, G und F einsetzen, ferner ergeben sich als Osterdaten dieser Jahre der 10. April, 26. März, 15. und 7. April (nicht der 11. April, 27. März, 16. und 8. April).

[2] Gemäss der römischen Sitte, den Schalttag und den folgenden Tag (24. und 25. Februar) als einen Tag (24. Februar) mit 48 Stunden zu bezeichnen, gab man dem 24. und 25. Februar des Schaltjahres nur 1 Buchstaben, nämlich F. Ist nun der 24. Februar des Schaltjahres etwa ein Sonntag, dann ist F der Sonntagsbuchstabe für die vorhergehende Zeit bis zum 24. Februar einschliesslich; für die darauffolgende Zeit ist aber E der Sonntagsbuchstabe, weil auch der 25. Februar, ein Montag, den Buchstaben F hat. Hieraus ist ersichtlich, dass ein Schaltjahr zwei Sonntagsbuchstaben hat, den in der Reihenfolge des Alphabets späteren für die Zeit bis zum Schalttag, den in der Reihenfolge früheren für die Zeit nach dem Schalttag. Da es sich bei der Osterbestimmung nur um Tage des März und April handelt, so kommt hier nur der zweite Sonntagsbuchstabe in Betracht, und somit ist nur dieser in der Tab. II des Anhanges verzeichnet. Wer aber aus irgend einem Grunde auch den ersten Sonntagsbuchstaben eines Schaltjahres zu kennen wünscht, der findet ihn angegeben über der dem Schaltjahr vorhergehenden Lücke.

die einem Jahre zukommende Nummer dieser Reihe, Sonnenzirkel genannt, durch die Formel:

$$\left(\frac{z+9}{28}\right)_r.$$

Statt des Restes 0 ist 28 zu setzen. Man kann sich auch diese Tabelle bilden (in der beim Schaltjahr nur der zweite Sonntagsbuchstabe beachtet wird):

Ist der Sonnenzirkel	—	1	2	3	4	—	5
	6	7	8	—	9	10	11
	12	—	13	14	15	16	—
	17	18	19	20	—	21	22
	23	24	—	25	26	27	28 (=0)
so ist der Sonntagsbuchstabe	G	F	E	D	C	B	A

Infolge der oben erwähnten Sonnengleichung s weichen die gregorianischen Buchstaben von den julianischen ab. Es rückt nämlich der Buchstabe um $(s:7)_r$ Stellen im Alphabet vor, so dass z. B. für die Zeit 1900—2099, wo s = 13 ist, A sich in G verwandelt usw. Eine Übersicht der Sonntagsbuchstaben der julianischen Jahre 0 (= 1 vor Chr.) — 4199 und der gregorianischen Jahre 1582—3899 gibt die Tabelle II des Anhanges. Daselbst stehen oben links vor den Buchstaben die Jahrhunderte julianischen Stils, unten links die Jahrhunderte gregorianischen Stils (seit 1582), zwischen den rechts oben und unten befindlichen Sonntagsbuchstaben die laufenden Jahre im Jahrhundert. Wo die Horizontallinie des Jahrhunderts und die Vertikale des Jahres im Jahrhundert sich schneiden, steht der Sonntagsbuchstabe. So z. B. hat das Jahr 1906 den julianischen Sonntagsbuchstaben A, den gregorianischen G. Man kann die Zahl der Jahrhunderte beliebig vergrössern, indem man in den Horizontalen julianischen Stils immer 7, gregorianischen Stils immer 4 addiert.

Praktische Verwertung des Erörterten. Gebrauch der Tabellen.

Die praktische Verwertung der bisherigen Erörterungen für die Osterbestimmung möge an einigen Beispielen gezeigt werden.

1. Osterbestimmung ohne Epakten: Wann Ostern 1907 julianisch? — Das Jahr 1907 hat die goldene Zahl 8 (Tab. S. 26); ihr entspricht Osterneumond am 5. April (Tab. S. 24), folglich Vollmond 13 Tage später am 18. April; dies auch direkt ersichtlich aus Tab. S. 25, S. 33 u. 42; das Jahr 1907 hat den Sonntagsbuchstaben G (Tab. II im Anhang); folglich ist der dem 18. April zunächst folgende Sonntag der 22. April (Tab. S. 25 oder Tab. III im Anhang), dies der Ostersonntag des julianischen Jahres 1907. — Gregorianisch? — Goldene Zahl 8, ihr entspricht Neumond am 6. März (julianisch, Tab. S. 24), im gregorianischen Stil muss man aber 9 Tage weiter zählen (s. S. 32), folglich Neumond am 15. März, Ostervollmond 13 Tage später am 28. März; diese Ostergrenze auch direkt aus Tab. S. 33; Sonntagsbuchstabe 1907 (gregor.) ist F (Tab. II im Anhang). Somit Ostersonntag der 31. März (Tab. S. 25 oder Tab. III des Anhanges).

2. Osterbestimmung mit den alexandrinisch-lilianischen Epakten (E): Wann Ostern 1908 julianisch? — Die goldene Zahl ist 9; ihr entspricht die Epakte 6

(Tab. S. 38 oder S. 39); daher Osterneumond am 25. März (S. 24), Vollmond 13 Tage
später am 7. April; diese Ostergrenze ergibt sich direkt aus Tab. S. 25 oder S. 42;
Sonntagsbuchstabe E (Tab. II im Anhang), somit Ostern der 13. April (Tab. S. 25
oder Tab. III im Anhang). — Gregorianisch? — Goldene Zahl 9, ihr entspricht die
gregorianische Epakte 27 (Tab. S. 39), daher Ostergrenze der 16. April (Tab. S. 25
oder S. 42); gregorianischer Sonntagsbuchstabe D, somit Ostern des gregorianischen
Jahres 1908 am 19. April (Tab. S. 25 oder Tab. III im Anhang).

Tabellen im Anhang.

Der Gebrauch zerstreuter Tabellen ist umständlich und verursacht leicht einen
Irrtum. Daher müssen zum Zweck der bequemen Übersicht die Tabellen nebeneinander gestellt und, wenn möglich, noch vereinfacht werden.

Goldene Zahlen, Epakten der verschiedenen Art sowie die noch zu besprechenden
Claves terminorum dienen einzig und allein dem Aufsuchen der Ostergrenzen, sind
nicht Selbstzweck. Sind nun die Ostergrenzen gefunden, so empfiehlt es sich, diese
statt der genannten Hilfsmittel in der Reihenfolge der Jahre einer Tafel einzufügen.
Dies ist in unserer Tabelle I geschehen. Ein Vergleich derselben mit den bei der
gewöhnlichen Bestimmungsart notwendigen Tabellen S. 26 (goldene Zahlen), S. 39
(Epakten) und S. 42 (Ostergrenzen) erweist sofort, dass sie nicht mehr, ja weniger
Raum beansprucht als die genannten Tabellen und dass der Einblick in eine Tabelle
die Benutzung mehrerer ersetzt, was eine Erleichterung bedeutet.

Tabelle I liefert also die Ostergrenze eines jeden Jahres. Ihre Einrichtung ist
ohne weiteres verständlich: die Zahlen 1—18 bedeuten Tage des April, 21
bis 31 Tage des März. Die durch die Sonderbestimmungen entstandenen gregorianischen Ostergrenzen 17. und 18. April sind durch einen übergesetzten Punkt kenntlich gemacht. Der Beginn eines Mondcyklus, wo der Mondsprung stattfindet, ist durch
ein der betreffenden Ostergrenze vorgesetztes Sternchen (*) bezeichnet. Die Zahl der
julianischen Jahrhunderte kann beliebig erweitert werden durch stetiges Addieren von
19 in den Horizontalreihen der Jahrhunderte. Der Ostertermin eines gregorianischen
Jahres nach 4099 muss hingegen auf die früher besprochene Weise gesucht werden.

Tabelle II ist bereits besprochen (S. 44).

Tabelle III. Ihre Einrichtung bedarf keiner Erläuterung. Bemerkt sei nur, dass
der daselbst verzeichnete 21. März niemals Ostertag sein kann.

Beispiel: Ostern 1916? — 1. Julianisch: Ostergrenze 9. April, Sonntagsbuchstabe B, somit Ostern am 10. April. — 2. Gregorianisch: Ostergrenze 17. April,
Sonntagsbuchstabe A, daher Ostern am 23. April.

So lässt sich das Osterdatum eines beliebigen Jahres sehr leicht und rasch
finden. Daher sind hier die Ostertermine in der Reihenfolge der Jahre nicht
verzeichnet. Wer sie zu haben wünscht, findet sie in meinem oben S. 3 erwähnten
„Immerwährenden Kalender" bequem zusammengestellt. Da aber für den
Historiker und Chronologen eine Übersicht der Osterdaten in der Reihenfolge der Monatstage von Nutzen ist, so ist im Anhang auch diese gegeben
und zwar vom J. 300 ab, für den julianischen Stil bis zum J. 2000 — die folgenden
Jahre findet man sofort durch Addition von 532, 1064, 1596 usw. —, für den gregorianischen Stil bis zum J. 2500 oder bei den selteneren Daten für noch weitere Jahre.

Ferner ist beigefügt eine Tabelle, die der Bestimmung der von Ostern abhängigen beweglichen Feste dient. Ihre Einrichtung ist ohne weiteres verständlich. Die in Rubrik 2 (nur Überschrift), 3, 4, 6 und 7 eingeklammerten Zahlen gelten in den Schaltjahren. Abkürzungen: a = April, d = Dezember, f = Februar, i = Januar, j = Juni, m = März, M = Mai, n = November; So = Sonntag usw.

III. Eine andere Art der Osterbestimmung
(Clavis terminorum, Concurrens, Regularis).

Eine andere Art des Computus ist jene Osterbestimmung, welche drei bisher nicht besprochene Mittel, die *Clavis terminorum, Concurrens* und *Regularis,* benutzt. Sie ist, wie eine nähere Betrachtung ergibt, unter verständiger Rücksichtnahme auf die Eigenart des mittelalterlichen Kalenders ausgedacht, daher heute im allgemeinen nicht mehr in Gebrauch, wiewohl ihre Anwendung ebenso einfach, vielleicht noch einfacher ist als die gewöhnliche Bestimmungsweise. Die hier in Betracht kommenden Mittel erscheinen heutzutage demjenigen, der in der Geschichte des Kalenders nicht bewandert ist, überflüssig, ja lächerlich und trivial; sie sind das aber keineswegs. Da sie in Urkunden und anderen Geschichtsquellen früherer Zeit häufig bei Angabe der Jahreskennzeichen vorkommen, so ist ihre Kenntnis für alle, die sich mit historisch-chronologischen Studien befassen, unumgänglich nötig. Daher sollen sie hier kurz erörtert werden.

1. *Clavis terminorum.* In den Runen- oder Stabkalendern (vgl. z. B. den bei Sig, Vorgregorianische Kalender [Strassburg 1905] abgebildeten Gothaer Holzkalender) waren die Tage ohne Berücksichtigung der Monatseinteilung in fortlaufender Reihenfolge durch Zeichen (Einschnitte oder Buchstaben oder dergleichen) kenntlich gemacht. Der je siebente Tag (Abschluss einer Woche) hat sein besonderes Zeichen, in dem genannten Kalender das Zeichen ✲, das der siebente Buchstabe des nordischen jüngeren Runenalphabetes ist, entsprechend unserem G.

Für die Osterberechnung nahm man als Ausgangspunkt den zehnten so bezeichneten Tag, d. h. den 70. Tag des Jahres = 11. März und zählte von diesem an (ihn eingeschlossen) weiter. Man gab an, wie viele Tage von da ab, also nach dem 69. Tag (10. März), bis zum Ostervollmondstage einschliesslich verliefen, genau so, wie man bei der von uns früher (S. 27) erwähnten ersten Ostergrenzberechnung den 21. März zum Fixierungstag macht. Die Anzahl dieser Tage heisst Clavis terminorum. Der Name rührt daher, dass man auch für die wichtigsten übrigen beweglichen Feste, namentlich Septuagesima (63. Tag vor Ostern), Quadragesima oder 1. Fastensonntag (42. Tag vor O.), Rogationes oder Anfang der Bittwoche (35. Tag nach O.) und Pfingsten (49. Tag nach O.) einen ebenso weit ihnen vorausliegenden Zeitpunkt *(locus)* bestimmte, so dass also auch bei ihnen dieselbe Zahl der Tage, die Clavis terminorum, passt. Für Septuagesima ist es der 7. Januar, für Quadragesima der 28. Januar, für die Rogationes der 15. April, für Pfingsten der 29. April.

Da die Ostergrenze sich innerhalb eines Monats von 30 Tagen vom 21. März bis 50. März (19. April) bewegt, so ist, entsprechend den 19 goldenen Zahlen, die Clavis terminorum eine von 19 Zahlen, die zwischen 11 und 40 liegen. Weil ferner der goldenen Zahl 1 als Ostergrenze der 5. April (= 36. März = 95. Tag des Jahres) entspricht, so gehört zu ihr als Clavis die Zahl 36 — 10 oder 95 — 69 = 26. Jede folgende Clavis wird gefunden, indem man aus dem früher erörterten Grunde zu 26 die Zahl 19 addiert und, so oft man über 40 hinauskommt, 30 subtrahiert, oder indem man von 26 die Zahl 11 subtrahiert und, so oft man unter 11 gelangt, 30 addiert. Da diese Clavis terminorum — wir bezeichnen sie mit T — den Abstand der Ostergrenze vom 10. März, die Zahl d (ebenfalls eine Clavis für den 21. März) ihren Abstand vom 21. März anzeigt, so ist sie stets um 11 grösser als d; daher

$$T = [(19\,a + 26) : 30]_r \text{ oder } = 26 — (11\,a : 30)_r$$

Ist aber der Rest kleiner als 11, so muss stets 30 zugezählt werden. Es entsteht somit diese Reihenfolge der Claves:

G. Z.	1	2	3	4	5	6	7	8	9	10	11	12	13	14	15	16	17	18	19
Cl. t.	26	15	34	23	12	31	20	39	28	17	36	25	14	33	22	11	30	19	38.

2. *Concurrentes.* Es ist nun zur Fixierung des Ostertermins noch der Wochentag der Ostergrenze zu bestimmen. Ohne Benutzung der Sonntagsbuchstaben sucht man den Wochentag des Ausgangspunktes, nämlich des 6. und 27. Januar 10. März (69. Jahrestages), 14. und 28. April. Da alle diese Daten denselben Wochentag, wie der 24. März haben, so sagte man auch, es werde der Wochentag dieses Datums fixiert. Für die Wahl gerade dieses Tages mag auch der Umstand günstig gewesen sein, dass auch der 1. September, der Anfang des Jahres bei einigen orientalischen Völkern, auf denselben Wochentag wie die genannten Daten fällt. Offenbar ist dieser Ausgangspunkt sehr alt, da für diesen Zweck schon die Alexandriner den Wochentag des 30. Mechir (= 24. [25.] Febr.), der ebenfalls dem des 24. März identisch ist, suchten. Auch Dionysius Exiguus bedient sich dieses Mittels, während er den Sonntagsbuchstaben nicht verwertet. In herkömmlicher Weise bezeichnet man mit 1 den Sonntag, mit 2 den Montag, ... mit 7 oder 0 den Samstag. Diese Zahlen heissen Concurrentes (auch *Epactae solis*, Sonnenpakten). Wir setzen dafür kurz das Zeichen C.

Der 24. März hat den Tagesbuchstaben F; ist nun der Sonntagsbuchstabe F, so ist der 24. März ein Sonntag, die Konkurrente ist also 1; ist der Sonntagsbuchstabe A, so fallen alle mit F bezeichneten Tage auf den Freitag, die Konkurrente ist also 6. Zwischen Sonntagsbuchstaben und Konkurrenten[1] besteht somit eine in ihrem Wesen liegende enge Beziehung und zwar die, dass entspricht

dem Sonntagsbuchstaben ..	F	E	D	C	B	A	G
die Konkurrente	1	2	3	4	5	6	0 (od. 7)
Wochentag des 24. (10.) März	So.	Mo.	Di.	Mi.	Do.	Fr.	Sa.

Somit liefert unsere Tabelle II auch die Konkurrenten, wenn man daselbst statt der Buchstaben die entsprechenden Zahlen einsetzt. Falls man eine solche Tabelle nicht hatte — aus dem Mittelalter ist mir keine derartige oder ähnliche bekannt —, so musste man mit Hilfe des 28jährigen Sonnencyklus, dessen Ver-

---

[1] Bei R ü h l, Chronologie S. 182 sind die Konkurrenten falsch angegeben.

zeichnis nötig war, die Konkurrente (bzw. den Sonntagsbuchstaben) suchen (siehe oben S. 43 f.) oder sie berechnen. Für letzteres gibt bereits der Abt Dionysius Exiguus diese praktische Formel an, deren Richtigkeit später erwiesen wird:

$$C = [\left(z + \frac{z}{4}\right) : 7]_r + 4 \text{ oder } [(z + \frac{z}{4} + 4) : 7]_r,$$

die sich im gregorianischen Stil in diese verwandelt:

$$C = [(z + \frac{z}{4} - s) : 7]_r + 4 \text{ oder } [(z + \frac{z}{4} + 4 - s) : 7]_r.$$

Später werden wir diese Formel finden (h = Jahrhundertzahl, i = Zahl unter 100):

$$\text{jul. } C = [(i + \frac{i}{4} + 4 - \check{h}) : 7]_r \text{ od. gregor. } C = [(i + \frac{i}{4} + 4 - h - s) : 7]_r.$$

Schon mit den genannten zwei Mitteln (Clavis und Concurrens) allein ist die Bestimmung des Osterfestes ermöglicht. Nehmen wir als Beispiel etwa das Jahr 820. Die goldene Zahl ist 4 [Tab. S. 26 oder berechnet durch $(820 : 19)_r + 1$]; ihr entspricht als Clavis die Zahl 23 (s. die oben S. 47 stehende Tabelle oder die Formel). Folglich Ostergrenze der $69 + 23 = 92$. Tag des Jahres. Die Konkurrente ist 7 oder 0 (s. Tab. II), d. h. der 69. Tag (10. März) ist ein Samstag, der 70. Tag ein Sonntag, folglich auch der 98. Tag = 8. April, Ostertag; es ist, um die mittelalterliche Tagesbezeichnung zu gebrauchen, der 4. Tag nach Ambrosius oder der 6. Tag vor Tiburtius. Hieraus ist ohne weiteres ersichtlich, dass man bei Benutzung eines Runen- oder Stabkalenders oder eines ähnlichen Hilfsmittels mit den beiden Mitteln zum Ziele gelangt. Ganz ebenso verhält es sich beim Gebrauch der im Mittelalter üblichen Gedächtniskalender oder Cisiani, die in den Schulen eifrig eingetrillt wurden (s. Sig a. a. O. S. 54 ff.).

3. *Regularis.* Man bediente sich aber noch eines dritten Mittels. Da die Ostergrenze T Tage hinter dem Ausgangspunkt (10. März) liegt, so folgt ihr Wochentag hinter dem des letzteren $(T : 7)_r = 0, 1, 2 \cdots 6$ Tage. Diese Zahlen heissen Regulares (*Regulares paschae,* Osterregularen);[1] wir setzen dafür der Kürze wegen das Zeichen R. Der Wochentag der Ostergrenze ist offenbar der $(C + R)^{te}$ Tag der Woche, wobei, wenn $C + R > 7$ ist, die Zahl 7 abgezogen wird. Hinter diesem Tag liegt der nächste Sonntag (Ostern) $8 - (C + R)$ Tage. Ostern ist somit der

$$(69 + T + 8 - [C + R])^{te} = (77 + T - [C + R])^{te} \text{ Tag des Jahres}$$

oder der

$$(18 + T - [C + R])^{te} \text{ März.}$$

Somit konnte man auch vom elften Wochenschlusstage (18. März, Vigil des Josephsfestes) einschliesslich ab weiterzählen. Man zieht also von T (= Clavis terminorum) die Summe der durch R (= Regularis) und C (= Concurrens) angegebenen Tage oder wenn deren Summe grösser als 7 ist, die um 7 verminderte Summe ab und erhält die Zahl, die zu 77 bzw. 18 addiert das Osterdatum ergibt. Nehmen wir wieder das Jahr 820. Die Clavis ist 23, die Regularis 2, die Concurrens 7;

---

[1] Die anderen Regulares, nämlich *R. solares* oder *mensium* und die *R. lunares* kommen hier nicht in Betracht.

$C + R - 7 = 2$; diese Zahl von 23 subtrahiert ergibt 21; $77 + 21 = 98$; also der 98. Tag des Jahres oder der 8. April Ostersonntag.

Da der früheste Ostertag auf den 81. Jahrestag (22. März) fällt, also in die 12. Woche, so konnte man keinen späteren und zweckmässigerweise auch keinen früheren Tag zum Ausgangspunkt nehmen, als eben den 11. Wochenschlusstag (18. März) bzw. für die Angabe der Ostergrenze den Abschluss der 10. Woche (11. März). Hieraus geht klar hervor, dass die Wahl gerade dieses Tages ausserordentlich zweckdienlich und keineswegs willkürlich ist, wie viele, z. B. Grotefend, Zeitrechnung I S. 25 und Rühl, Chronologie S. 148 behaupten. Und ebenso praktisch ist die Fixierung des Wochentages des Ausgangstermins (6., 27. Januar, 24. Februar, 10. oder 24. März). Dieser Grund ist so sehr ausreichend, dass man auf die sehr gekünstelten Erklärungsversuche, die Rühl a. a. O. S. 143 erwähnt oder selbst vorbringt, gern Verzicht leistet.

Selbstverständlich ist auch im gregorianischen Stil dasselbe Verfahren zulässig, indem zu der julianischen Clavis u addiert und bei der Konkurrente s beachtet wird. Beispiel: Wann Ostern 1818? — $G = 14$ (oder $a = 13$), $T = 33 + 8 - 30 = 11$ (s. oben S. 47), $R = 4$, $C = 3$ (Tab. II), $R + C = 7$; daher Ostern am $(18 + 11 - 7) = 22$. März.

* * *

Die mittelalterlichen Urkunden sind meist sehr sorgfältig datiert durch genaue Angabe der verschiedenen Jahreskennzeichen, darunter z. B. der Clavis, Concurrens, Epakte. Wir geben dafür zwei Beispiele.

In einer Urkunde bei Mabillon[1] wird die Zeit also bestimmt: „Acta sunt haec ab anno Incarnatione Domini MCIX, Indictione II, Epacta XVII, Concurrentes IV, Cyclus lunaris V, Cyclus decemnovalis VIII, Regulares paschae IV, Terminus paschalis XIIII. Cal. Maii, dies paschalis VII. Cal. Maii, luna ipsius XXI." Die Indiction und der Cyclus lunaris gehören nicht in den Bereich dieser Abhandlung. Die übrigen Angaben sind richtig; unter der Epakte ist die dionysische mit dem Sitz am 23. (22.) März gemeint; sie berechnet sich so: die goldene Zahl $a = (1109 : 19)_r = 7$; $\delta = (11 \cdot 7 : 30)_r = 17$. Somit ist die Ostergrenze am $(36 - 17 + 30)^{ten}$ März $= 18$. April; folglich, da die Konkurrente 4, d. h. der 24. März und 14. April ein Mittwoch, der 18. April ein Sonntag ist, Ostern am 25. April. Ferner ist Neumond am 5. April, somit der Mond am Ostertag (diesen mitgerechnet) 21 Tage alt. Von den sonst gebräuchlichen Jahrescharakteren fehlt hier der Cyclus solaris, nämlich 26, und die Clavis terminorum, nämlich 39.

Eine angelsächsische Urkunde[2] ist datiert: „Hoc peractum est anno a Domini nostri nativitate DCCCCXCXVIII . . . Epac. XX Concurr. V . . . dies XIV lun. XVII Kal. Mai. dies Pasce XV Kal. Mai. lun. ipsius XVI." Alle diese Angaben sind richtig. Denn $a = (998 : 19)_r = 10$, daher die dionysische Epakte (mit dem Sitz am 23. März) $= (11 \cdot 10 : 30)_r = 20$, die Ostergrenze (dies XIV lunae) der $(36 - 20 + 30)^{te}$ März $= 15$. April. Die Konkurrente ist 5 (Tabelle II). Somit ist der 24. März und der 14. April Donnerstag; daher Ostern am 17. April. Da am 15. April Ostervollmond ist, so ist der Mond am 17. April 16 Tage alt.

---

[1] *De re diplomatica* l. VI, Nr. 171.

[2] Schönemann, Codex für die praktische Diplomatik (Göttingen 1800), 1. Teil, S. 83.

IV. Berechung der Osterdaten ohne Tabellen.

Im wissenschaftlichen und praktischen Leben kommt es nicht selten vor, dass man das Osterdatum irgend eines Jahres wissen möchte, dass man aber einen Kalender des betreffenden Jahres oder die hier gegebenen (oder ähnliche) Tabellen, die das Auffinden des Osterdatums in kurzer Zeit ermöglichen, zufällig nicht zur Hand hat. In allen solchen Fällen ist es angenehm, ein Verfahren zu kennen, bei dem durch blosses Rechnen das gewünschte Datum rasch und mühelos bestimmt wird.

Schon die Alexandriner kannten eine Berechnung ohne Tabellen. Dionysius Exiguus gibt nämlich in seinen Paschalargumenten Nr. 3 und 4[1] die bereits im Vorhergehenden erwähnten arithmetischen Formeln für das Aufsuchen der Epakte δ (mit der *sedes* am 23. März) und der Konkurrente (des Wochentages des 24. März) an und bemerkt dazu ausdrücklich in seiner Praefatio (a. a. O. S. 493 f.): „*Argumenta Aegyptiorum sagacitate quaesita subdidimus, quibus, si forsitan ignorentur, paschales tituli* (gemeint sind die Zahlen und Daten seiner Kolumnen zur Osterberechnung) *possint facile reperiri.*“ Da hier die Zählung nach Jahren der von Dionysius erdachten christlichen Ära angegeben ist, diese aber den Alexandrinern vor Dionysius unbekannt war, so ist klar, dass er die alexandrinischen Formeln durch passende Abänderung seiner Ära angeglichen hat. Mit diesen Formeln, deren Richtigkeit im Folgenden wird erwiesen werden, lässt sich in der leichtesten Weise sowohl im julianischen, als im gregorianischen Stil das Osterdatum ohne Tabellen bestimmen. Zwei Beispiele: Wann Ostern des Jahres 604 (jul.)? — $(604 : 19)_r = 15$; $(11 \cdot 15 : 30)_r = 15$; Ostergr. der $(36 - 15) = 21$. März; Konkurrente $= [(604 + \frac{604}{4} + 4) : 7]_r = 3$, somit der 24. März ein Dienstag, der 22. März ein Sonntag, nämlich Ostern. — Wann Ostern 1943 (gregor.)? — $(1943 : 19)_r = 5$; $[(11 \cdot 5 - 9) : 30]_r = 16$; Ostergrenze der $(36 - 16 + 30) = 50$. März; $[(1943 + \frac{1943}{4} - 13 + 4) : 7]_r = 4$, somit der 24. und 45. März Mittwoch, der 50. März Montag; der folgende Sonntag, nämlich Ostern, der 56. März = 25. April.

Es scheint, dass bei den Computisten und Chronologen der späteren Zeit infolge der Benutzung der bei Dionysius noch nicht erwähnten Sonntagsbuchstaben diese bequeme Berechnungsweise in Vergessenheit geriet. Daher hat man, besonders seitdem die Protestanten am 13. Dezember 1775 die cyklisch-gregorianische Bestimmungsweise angenommen hatten, sich von neuem bemüht, arithmetische Formeln abzuleiten. Sollen aber derartige Formeln dem genannten Zwecke dienen, folglich mehr als eine geistreiche Spielerei sein, so müssen sie allgemein giltig, einfach und leicht zu handhaben sein. Die erste brauchbare Formel neuerer Zeit hat der Ber-

---

[1] *Liber de paschate* (Migne Patrol. lat. LXVII S. 499 f.).

liner Professor G a u s s († 1855)[1] im Jahre 1800 veröffentlicht, andere P i p e r a. a. O. S. 97 ff., O. K a i s e r a. a. O. S. 24. Diese sind aber entweder umständlich oder leiden an dem Mangel, dass sie nur für eine beschränkte Zeit giltig sind. Auch entbehren sie meistens des Beweises. Unbewiesen und unbequem ist auch die Formel von Z e l l e r (Mathemat.-naturwissensch. Mitteilungen I [Tübingen 1887], 2. Heft S. 56 ff.). Ich habe daher neue Formeln aufgesucht und überall die Ableitung beigefügt.[2] Darunter ist auch mein elementarer Beweis der Gaussschen Formel enthalten.

Gauss (a. a. O. S. 73) drückt sich ungenau aus, wenn er behauptet, er werde „eine von jenen Hilfsmitteln [goldene Zahl, Epakte, Ostergrenze, Sonnencyklus, Sonntagsbuchstabe] unabhängige" Auflösung geben; offenbar meint er, dass sein Verfahren die T a f e l n mit den genannten technischen Mitteln sowie das Verständnis dieser *termini technici* überflüssig mache, was letzteres ja auch beim mechanischen Gebrauch von Tabellen der Fall ist. Auch bei blossen Rechenoperationen sind die gewöhnlichen Elemente nötig; so braucht Gauss selbst die goldene Zahl (bei ihm a genannt) sowie die Ostergrenze, die bei ihm der $(21+d)^{te}$ März ist. Die Epakte zwar kommt bei ihm nicht vor, statt ihrer aber die auf den 21. März gestellte Clavis, die er mit d bezeichnet (wie wir es bisher getan). Man hat eben beim Aufsuchen der Ostergrenze die goldene Zahl, die nie entbehrt werden kann, und daneben das eine oder andere Hilfsmittel, Clavis oder Epakte, nötig. — Überflüssig ist nur der Sonnencyklus und der Sonntagsbuchstabe, da auf andere Weise der Wochentag eines Datums oder speziell der Sonntag sich finden lässt.

* * *

---

[1] Es ist die berühmte „Gausssche" Osterformel, die Gauss publizierte in v. Z a c h s Monatl. Korrespondenz, 1800, August, dazu Ztschr. für Astronomie und verwandte Wissenschaften, von B. v. L i n d e n a u und J. G. F. B o h n e n b e r g e r, Bd. I (1816) S. 158; jetzt Gauss' Werke VI S. 73 ff. und 82 ff. Gauss hat keinen Beweis mitgeteilt, sagt aber, dass er „auf Gründen der höheren Arithmetik" beruhe, wofür er sich noch auf keine Schrift beziehen könne. Daher haben andere den Beweis teils versucht und teils erbracht. Es ist eine kleine Literatur darüber entstanden; sie ist zerstreut verzeichnet bei P i p e r, Zur Kirchenrechnung (C r e l l e s Journal für Mathematik XXII [Berlin 1841] S. 97 f.; hier ist auch die Literatur aus der Zeit kurz vor Gauss berücksichtigt); W o l f, Geschichte der Astronomie (München 1877) S. 336; O. K a i s e r, Beiträge zur Zahlenlehre und Chronologie II (Bielitz 1892) S. 29; L e r s c h, Einleitung in die Chronologie, II (Freiburg 1899) S. 102. Den hier genannten Werken ist noch beizufügen S c h u b r i n g, Immerwährende Kalender (G i e b e l s Ztschr. für die gesamten Naturwissenschaften XXXVIII [Berlin 1871] S. 424 ff.), und A. M a y e r, Hauptpunkte der christl. Zeitrechnung (Programm des Gymnasiums zu Metten, 1870/71) S. 35 ff.). Der Beweis wird für schwierig und weitläufig gehalten. So z. B. äussert W i s l i c e n u s, Der Kal. S. 55: „Ein Beweis ist für jemand, der nicht im mathematischen Denken geübt ist, nicht gerade leicht verständlich, weshalb wir diesen Beweis weglassen wollen." P r a x m a r e r, Osterfest (Linzer theolog. Quartalschrift, 1906, S. 759): „Die nähere Einsicht in diese Formel wird wohl nur einem mathematischen Genie, wie Gauss war, möglich sein." R ü h l a. a. O. S. 233 spöttelt sogar über die Formel, als sei sie wertlos. Die bisher versuchten Beweise sind in der Tat ausserordentlich umständlich, zum Teil kaum verständlich und teilweise lückenhaft, wenn nicht gar falsch. Unsere Beweisführung, die wir oben geben werden, ist so elementar gehalten, dass zu ihrem Verständnis nur das arithmetische Rüstzeug eines Tertianers erfordert wird.

[2] Sechs davon, darunter auch die Gausssche Formel, habe ich bereits in der Linzer theologischen Quartalschrift 1907, III. Heft, veröffentlicht.

Die Ostergrenze wird auf die bisher angegebenen sechs Arten bestimmt; sie ist

entweder 1. der $(36 + \tau)^{te}$ bzw. $(36 + \tau - 30)^{te}$ März

oder 2. der $(21 + d)^{te}$ März

oder 3. der $(10 + T)^{te}$ „

oder 4. der $(50 - \varepsilon)^{te}$ „

oder 5. der $(44 - E)^{te}$ bzw. $(44 - E + 30)^{te}$ März,

oder 6. der $(36 - \delta)^{te}$ bzw. $(36 - \delta + 30)^{te}$ „

Wie die Clavisarten τ, d und T sowie die Epaktenarten ε, E und δ gefunden werden, ist bereits gezeigt worden.

Im Anschluss an die Ostergrenze bestimmen wir das Osterdatum auf drei bzw. vier Weisen, indem wir aufsuchen

1. den Wochentag der Ostergrenze,

2. den Wochentag (Konkurrente) jenes Datums, das der Ausgangspunkt für die Fixierung der Ostergrenze ist,

3. direkt in doppelter Weise das Datum des der Ostergrenze zunächst folgenden Sonntags.

Die Verbindung derselben mit den sechs Ostergrenzberechnungen ergibt 24 Formeln, die natürlich miteinander nahe verwandt sind. Indem wir die Vollmonds-berechnungen Nr. 1 und 3 (verwandt mit Nr. 2) und Nr. 6 (verwandt mit Nr. 4 und 5) ausschliessen, werden nur zwölf Formeln angeführt, nach denen die zwölf anderen leicht gebildet werden können.

Für die folgenden Wochentagsberechnungen ist stets festzuhalten, dass volle Wochen, da sie auf die Veränderung des Wochentages keinen Einfluss haben, je nach Bedürfnis ausgelassen oder zugefügt werden dürfen. Davon machen wir Gebrauch, ohne es in jedem Falle besonders zu erwähnen.

Bei allen diesen Berechnungen wird hier ausgegangen vom Wochentag des 1. Januar des Schaltjahres 0 (= 1 vor Chr.). Er lässt sich leicht bestimmen, indem man irgend ein Datum der Jetztzeit zum Ausgangspunkt nimmt, z. B. den 31. März 1907 (Ostersonntag). Vor diesem Tag liegt der 1. Januar des Jahres 0

$30 + 59 + 1907 \cdot 365 + 476 + 1 - 13$ oder nach Ausschalten der vollen Wochen

$2 + 3 + 3 + 0 + 1 - 6 = 3$ Tage.

Somit war der 1. Januar des Jahres 0 ein Donnerstag.[1]

a.

Wenn wir die Zahl der Tage vom Beginn eines Jahres bis zum Beginn eines beliebigen Monats desselben Jahres mit m bezeichnen, dann liegt der t^{te} Tag irgend eines Monats des Jahres z im julianischen Stil nach dem Donnerstag (1. Januar 0)

$$(t - 1) + m + z \cdot 365 + \frac{z}{4} + 1 \text{ oder}$$

$$t + m + z + \frac{z}{4} \text{ oder}$$

$$\left[\left(t + m + z + \frac{z}{4}\right) : 7\right]_r \text{ Tage.}$$

---

[1] Vgl. die Anmerkung 1 auf S. 43.

Will man aber die Division grösserer Zahlen mit 4 und 7 vermeiden, so setze man, indem die Jahrhundertzahl h und die Zahl unter 100 i genannt wird,

$$\left[\left(t+m+h\cdot 100+i+h\cdot 25+\frac{i}{4}\right):7\right]_r \text{ oder}$$

$$\left[(t+m+i+\frac{i}{4}-h):7\right]_r \text{ Tage.}$$

In den beiden Aggregaten sind alle Zahlen bekannt mit Ausnahme der Zahl m; diese muss also noch bestimmt werden. Offenbar ist für den Januar m = 0, für den Februar = 0 + 31 oder = 3, für den März = 0 + 31 + 28 oder = 3; ebenso erhält man für April und Juli den Wert 6, Mai 1, Juni 4, August 2, September und Dezember 5, Oktober 0, November 3. Die Vermehrung der Tage im Schaltjahre um 1 kommt bei der Zahl $\frac{z}{4}$ bzw. $\frac{i}{4}$ zur Geltung; daher bleibt auch im Schaltjahr m für die Monate März bis Dez. unverändert. Da aber der um 1 vergrösserte Wert $\frac{z}{4}$ oder $\frac{i}{4}$ bereits auch im Januar und Febr. eingesetzt wird, trotzdem hier die Vermehrung der Tage noch nicht stattgefunden hat, so muss an einer andern Stelle 1 wieder abgezogen werden; es geschieht dies am bequemsten bei m, da dessen Wert für die verschiedenen Monate veränderlich ist, und so stellt sich sein Wert im Schaltjahr für Januar = 0 — 1 oder + 6, für Februar = 3 — 1 = 2. Somit ist der Wert von

m = 0 für Januar (Gemeinj.) und Oktober,
= 3 für Februar (Gemeinj.), März und November,
= 6 für April, Juli und Januar (Schaltjahr),
= 1 für Mai,
= 4 für Juni,
= 2 für August und Februar (Schaltjahr),
= 5 für September und Dezember.

Die Zahl $\left[\left(t+m+z+\frac{z}{4}\right):7\right]_r$ oder $\left[(t+m+i+\frac{i}{4}-h):7\right]_r$ gibt also an, der wievielte Tag nach dem Donnerstag das gegebene Datum ist; demnach ist 1 = Freitag, 2 = Samstag, ···0 (oder 7) = Donnerstag.

Will man aber das Resultat der vorstehenden Berechnungsart so haben, dass nach der landläufigen Bezeichnung 1 = Sonntag, 2 = Montag, ···0 (oder 7) = Samstag ist, so setze man für m die um 2 verminderten Werte, also

m = 5 für Januar (Gemeinj.) und Oktober,
= 1 für Februar (Gemeinj.), März und November usw.[1]

Für die Osterberechnung wählt man am besten die letzte Bezeichnungsweise (m = 1 für März).

---

[1] Aus der ersten Bestimmungsart ergibt sich für die Fixierung der Konkurrente (des Wochentages des 24. März), da $[(24+1):7]_r = 4$ ist, die von Dionysius im 4. Paschalargument (a. a. O. S. 500) überlieferte alexandrinische Formel:

$$C = \left[\left(z+\frac{z}{4}\right):7\right]_r + 4 \text{ oder } = [(z+\frac{z}{4}+4):7]_r.$$

Dionysius gibt im 12. Paschalargument (a. a. O. S. 503 f.) eine Berechnungsweise für den Wochentag des 1. Januar an, deren Richtigkeit sich durch ein dem oben ähnliches Verfahren erweisen lässt. Indem wir dasselbe verallgemeinern, erhalten wir für den Wochentag eines beliebigen Datums diese Formel:

$$\text{julian. } C = \left[\left(t+m+z-1+\frac{z-1}{4}\right):7\right]_r, \text{ gregor. } C = [(t+m+z-1+\frac{z-1}{4}-s):7]_r,$$

Benenne ich nun die Zahl $[(t + m + z + \frac{z}{4}) : 7]_r$ oder $[(t + m + i + \frac{i}{4} - h) : 7]_r$
mit e, so ist die Zahl der Tage, um die ich von der Ostergrenze ab weiter zählen muss,
um das Osterdatum zu erhalten, $= 8 - e$, wobei $e = 1, 2, 3, 4, 5, 6, 7$ ist, indem
statt 0 die Zahl 7 genommen werden muss. Will man dies letztere vermeiden, so
muss man überhaupt e um 1 vermindern, so dass es $= 0, 1 \cdots 6$, also < 7 ist, dass demnach der nächstfolgende Sonntag gefunden wird durch Weiterzählen um $(7 - e)$ Tage.
Dies geschieht, indem wir in dem Dividenden für m nicht 1, sondern 0 einsetzen.
Setzt man gleichzeitig für t die drei Werte ein, nämlich $(21 + d)$ oder $(50 - \varepsilon)$ oder
$(44 - E)$ bzw. $(44 - E + 30)$, so ergibt sich für e der Wert im ersten Falle:

$$[(21 + d + 0 + z + \frac{z}{4}) : 7]_r, \text{ oder passend vereinfacht,}$$

$$[(d + z + \frac{z}{4}) : 7]_r, \text{ bzw. } [(d + i + \frac{i}{4} - h) : 7]_r,$$

im zweiten Falle:

$$[(50 - \varepsilon + z + \frac{z}{4}) : 7]_r \text{ oder } [(1 - \varepsilon + z + \frac{z}{4}) : 7]_r, \text{ bzw. } [(1 - \varepsilon + i + \frac{i}{4} - h) : 7]_r,$$

im dritten Falle:

$$[(44 - E + z + \frac{z}{4}) : 7]_r \text{ oder } [(2 - E + z + \frac{z}{4}) : 7]_r \text{ bzw. } [(2 - E + i + \frac{i}{4} - h) : 7]_r.$$

Im gregorianischen Stil ist überall noch die Sonnengleichung s in der mehrfach
erwähnten Weise einzusetzen.

Es ist somit Ostersonntag z. B. nach der ersten Ostergrenzberechnung am
$(21 + d + 7 - e) = (28 + d - e)^{ten}$ März. Ähnlich ergibt sich das Osterdatum bei der
zweiten und dritten Berechnungsweise.

Hieraus erhalten wir die erste bis dritte Osterformel:

I. 1.   z : 19, Rest a

   2. julianisch: $(19 a + 15) : 30$, „   d[1]

     gregorianisch: $(19 a + 15 + u) : 30$, „   d[1]

   3. jul.: $(d + z + \frac{z}{4}) : 7$ oder $(d + i + \frac{i}{4} - h) : 7$, „   e

     gregor.: $(d + z + \frac{z}{4} - s) : 7$ oder $(d + i + \frac{i}{4} - [h + s]) : 7$, „   e

     Ostern am $(28 + d - e)^{ten}$ März.

Beispiele: Das dritte allgemeine Konzil war auf das Pfingstfest des Jahres 431
nach Ephesus berufen. Welches Datum? — $a = 13$, $d = 22$, $e = 0$, Ostern am

---

wo ebenfalls 1 = Sonntag, 2 = Montag, 0 = Samstag ist. Hier hat m folgende Werte: 6 für
Januar, 2 Februar, 2 (3) März und November, 5 (6) April und Juli, 0 (1) Mai, 3 (4) Juni,
1 (2) August, 4 (5) September und Dezember, 6 (0) Oktober. Die eingeklammerten Zahlen gelten
in den Schaltjahren. Beispiel: Friedrich der Gr. ist am 24. Januar 1712 geboren. Wochentag?
$3 + 6 + 8 + 0 - 4 = 8$ oder 1, der 24. Januar 1712 ein Sonntag.

[1] Man kann auch diese Formel nehmen (s. oben S. 28): jul. $15 - (11 a + 30)_r = d$, gregor.
$15 + u - (11 a : 30)_r = d$.

$(28 + 22 - 0)^{\text{ten}}$ März = 19. April. Pfingsten am $(19 + 49)^{\text{ten}}$ April = 7. Juni.[1] — Ostern 1913 (gregorianisch)? a = 13, d = 1, e = 6, Ostern am $(28 + 1 - 6)$ = 23. März.

II. 1.   z : 19, Rest a

2. julianisch: $(11\,a + 14) : 30,$ „   ε

gregorianisch: $(11\,a + 14 - u) : 30,$ „   ε

3. jul.: $\left(1 - \varepsilon + z + \dfrac{z}{4}\right) : 7$ oder $(1 - \varepsilon + i + \dfrac{i}{4} - h) : 7,$ „   e

gregor.: $(1 - \varepsilon + z + \dfrac{z}{4} - s) : 7$ oder $(1 - \varepsilon + i + \dfrac{i}{4} - [h + s]) : 7,$ „   e,

Ostern am $(57 - \varepsilon - e)^{\text{ten}}$ März.

Beispiel: Eine Urkunde Wenzels von Luxemburg[2] ist datiert: „Auf Fronleichnam 1367". Datum? a = 18, ε = 2; e = 6; Ostern am $(57 - 2 - 6)^{\text{ten}}$ März = 18. April. Fronleichnam am $(18 + 60)^{\text{ten}}$ April = 17. Juni.

III. 1.   z : 19, Rest a

2. julianisch: $(11\,a + 8) : 30,$ „   E

gregorianisch: $(11\,a + 8 - u) : 30,$ „   E

3. jul.: $\left(2 - E + z + \dfrac{z}{4}\right) : 7$ oder $(2 - E + i + \dfrac{i}{4} - h) : 7,$ „   e

gregor.: $(2 - E + z + \dfrac{z}{4} - s) : 7$ oder $(2 - E + i + \dfrac{i}{4} - [h + s]) : 7,$ „   e,

Ostern am $(51 - E - e)^{\text{ten}}$ März. Jedoch muss, wenn E > 23 ist, statt $(-E)$ die Zahl $(-E + 30)$ gesetzt werden. Beispiele: Ein heftiger Osterstreit tobte im Jahre 387. Wann war da Ostern bei den Alexandrinern? a = 7, E = 25, e = 0; Ostern am $(51 - 25 + 30 - 0)^{\text{ten}}$ März = 25. April. Nach dem 84jährigen Cyklus war Ostern am 18. April. In Rom wurde das Osterfest am 28 (oder 21?)^{ten} März gefeiert. — Wann Ostern im Jahre 4763 (gregor.)? — Hier ist s = 34, u = 21; a = 13, E = 10, e = 3; somit Ostern am $(51 - 10 - 3)^{\text{ten}}$ März = 7. April.[3] Im julianischen Stil a = 13, E = 1, e = 4, Ostern am $(51 - 1 - 4)^{\text{ten}}$ März = 15. April (= 19. Mai gregorianischen Stils).

b.

Den Wochentag der Ostergrenze bzw. das Datum des folgenden Sonntags kann man aber auch durch Bestimmung des Wochentages des Ausgangspunktes vermittelst der Konkurrente finden, wodurch drei weitere Formeln sich bilden. Nur für die erste soll die Entwickelung gegeben werden.

Indem wir in der oben S. 48 gefundenen Formel für T den Wert $11 + d$ (s. S. 47) einsetzen, ergibt sich als Ostertag der $[29 + d - (C + R)]^{\text{te}}$ März, wobei, wenn $C + R > 7$ ist, $C + R - 7$ gesetzt werden muss. Der Wochentag des 21. März, von dem hier ausgegangen wird, die Konkurrente C, ist aber (s. oben S. 53)

$$[21 + 1 + i + \dfrac{i}{4} - h) : 7]_r = [(1 + i + \dfrac{i}{4} - h) : 7]_r \text{ oder } \left[\left(1 + z + \dfrac{z}{4}\right) : 7\right]_r.$$

---

[1] Über die Wichtigkeit dieses Datums für den Verlauf der nestorianischen Streitigkeiten, die in Ephesus beendigt werden sollten, s. Piper a. a. O. S. 134 ff.

[2] Becker, Die Landvögte des Elsasses, Strassburg 1894, S. 18.

[3] Dies Beispiel gibt auch Gauss in Mon. Corresp., Bd. 2 (1800) S. 129.

Jedoch muss hier statt des Restes 0 die Zahl 7 gesetzt werden; um dies zu vermeiden, vermindern wir den Wert von C um 1, indem wir ihn

$$= [(i + \frac{i}{4} - h) : 7]_r \text{ oder } = [\left(z + \frac{z}{4}\right) : 7]_r$$

setzen; dann muss aber auch der Ausdruck für den Ostertermin um 1 vermindert werden, so dass Ostern der $[28 + d - (C + R)]^{te}$ März ist; aus dem Gesagten folgt, dass, wenn $C + R > 6$ ist, statt dessen $C + R - 7$ genommen werden muss. Ganz dieselbe Entwickelung haben die zwei anderen Arten.

Die drei neuen Formeln sind demnach:

IV. 1. $(z : 19)_r = a$

     2. jul. $[(19a + 15) : 30]_r$ oder gregor. $[19a + 15 + u) : 30]_r = d$

     3. $(d : 7)_r = R$

     4. jul. $[(i + \frac{i}{4} - h) : 7]_r$ oder gregor. $[(i + \frac{i}{4} - [h + s]) : 7]_r = C,$ [1]

Ostern am $[(28 + d - (R + C)]^{te}$ März,

jedoch wenn $R + C > 6$ ist, dann muss statt dessen $R + C - 7$ gesetzt werden.

Beispiele: Eine elsässische Urkunde (Becker a. a. O. S. 25) ist datiert: „Montag nach Oculi 1382." Datum? — $a = 14$, $d = 11$, $R = 4$, $C = 5$, $R + C - 7 = 2$, Ostern am $(28 + 11 - 2)^{ten}$ März = 6. April; Oculi 28 Tage früher am 9. März, der folgende Montag der 10. März. — Ostern 1811 (gregor.)? — $a = 6$, $d = 17$, $R = 3$, $C = 4$, $C + R - 7 = 0$, folglich Ostern am $(28 + 17 - 0)^{ten}$ März = 14. April.

V. 1. $(z : 19)_r = a$

     2. jul. $[(11a + 14) : 30]_r$ oder gregor. $[(11a + 14 - u) : 30]_r = \varepsilon$

     3. $(\varepsilon : 7)_r = R$

     4. jul. $[(1 + i + \frac{i}{4} - h) : 7]_r$ oder gregor. $[(1 + i + \frac{i}{4} - [h + s]) : 7]_r = C,$

Ostern am $[57 - \varepsilon - (C - R)]^{ten}$ März.

Wird aber $C - R$ negativ, so muss 7 addiert, also $C - R + 7$ gesetzt werden.

Beispiele: Ein Testament des Herzogs Albrecht von Österreich ist datiert: „Mittwoch nach dem Palmsonntag 1461." Datum? $a = 17$, $\varepsilon = 21$, $R = 0$, $C = 0$, Ostern am $(57 - 21 - 0)^{ten}$ März = 5. April, Palmsonntag der 29. März, Mittwoch darnach der 32. März = 1. April. — Wann Ostern 1903 (gregor.)? — $a = 3$, $\varepsilon = 8$, $R = 1$, $C = 0$, $C - R + 7 = 6$, Ostern am $(57 - 8 - 6)^{ten}$ März = 12. April.

VI. 1. $(z : 19)_r = a$

     2. jul. $[(11a + 8) : 30]_r$ oder gregor. $[(11a + 8 - u) : 30]_r = E$

     3. $(E : 7)_r = R$

     4. jul. $[(2 + i + \frac{i}{4} - h) : 7]_r$ oder gregor. $[(2 + i + \frac{i}{4} - [h + s]) : 7]_r = C,$

dann Ostern am $[51 - E - (C - R)]^{ten}$ März.

Aber wenn $E > 23$ ist, dann setze für E die Zahl $E - 30$, statt $- E$ die Zahl $30 - E$ und $R = (E : 7)_r - 2$. Ferner wenn $C - R$ negativ wird, so muss 7 addiert, also $C - R + 7$ gesetzt werden.

---

[1] Der Kürze wegen lassen wir von hier ab den Wert $[\left(z + \frac{z}{4}\right) : 7]_r = [(i + \frac{i}{4} - h) : 7]_r$ usw. öfters aus.

Beispiele: Eine elsässische Urkunde (Becker a. a. O. S. 29) ist datiert: „Freitag nach Fronleichnam 1392." Datum? — $a = 5$, $E = 3$, $R = 3$, $C = 6$, $C - R = 3$; Ostern am $(51 - 3 - 3)^{\text{ten}}$ März $= 14$. April; Fronleichnam am $(14 + 60)^{\text{ten}}$ April $= 13$. Juni, Freitag darnach der 14. Juni. — Wann Ostern 1905 (gregor.)? $a = 5$; $E = 24$; $R = (24 : 7)_r - 2 = 1$; $C = 4$; $C - R = 3$, Ostern am $(51 - 24 + 30 - 3)^{\text{ten}}$ März $= 23$. April.

c.

Der 4. Januar des Jahres 0 war ein Sonntag. Es liegt daher der t^{te} Januar des Jahres z nach dem Sonntag $(= 4.$ Januar des Jahres 0$)$

$$t - 4 + z \cdot 365 + \frac{z}{4} + 1 \text{ oder}$$

$$t - 3 + z + \frac{z}{4} \text{ oder}$$

$$t - 3 + [\left(z + \frac{z}{4}\right) : 7]_r \text{ Tage.}$$

Es ist nun der t^{te} Januar ein Sonntag, wenn er 0 Tage nach einem Sonntage liegt, d. h. wenn $t - 3 + [\left(z + \frac{z}{4}\right) : 7]_r = 0$, somit $t = 3 - [\left(z + \frac{z}{4}\right) : 7]_r$ ist.

Wem die Division grösserer Zahlen mit 4 und 7 unbequem ist, der mag sich folgende Formel aufstellen (h = Jahrhundertzahl, i = Zahl unter 100):

$$t - 3 + h \cdot 100 + i + h \cdot 25 + \frac{i}{4} \text{ oder}$$

$$t - 3 + i + \frac{i}{4} - h, \text{ somit, wenn dieser Wert} = 0 \text{ ist,}$$

$$t = 3 + h - i - \frac{i}{4} \text{ oder}$$

$$t = 3 + [\left(h - i - \frac{i}{4}\right) : 7]_r.$$

Hiernach ist der $(3 - [\left(z + \frac{z}{4}\right) : 7]_r)^{\text{te}}$ od. der $(3 + [\left(h - i - \frac{i}{4}\right) : 7]_r)^{\text{te}}$ Januar ein Sonntag, also auch der $(3 + 28 - [\left(z + \frac{z}{4}\right) : 7]_r)^{\text{te}}$ Januar od. der $(0 - [\left(z + \frac{z}{4}\right) : 7]_r)^{\text{te}}$ Februar usw., ebenso der $(0 + 28 - [\left(z + \frac{z}{4}\right) : 7]_r)^{\text{te}}$ Februar oder der $(0 - [\left(z + \frac{z}{4}\right) : 7]_r)^{\text{te}}$ März usw.

Setzen wir statt der Zahl 3 oder 0 usw. das Zeichen m, so ist, allgemein ausgedrückt, der

$$(m - [\left(z + \frac{z}{4}\right) : 7]_r)^{\text{te}} \text{ oder der } (m + [\left(h - i - \frac{i}{4}\right) : 7]_r)^{\text{te}} \text{ Tag ein Sonntag.}$$

Und es ist offenbar

$m = 3$ für Januar und Oktober,
$= 0$ für Februar, März und November,
$= 4$ für April, Juli und Januar im Schaltjahr,
$= 2$ für Mai,
$= 6$ für Juni,
$= 1$ für August und Februar im Schaltjahr,
$= 5$ für September und Dezember.

Im Januar und Februar eines Schaltjahres ist der Wert für m um 1 zu erhöhen, also = 4 bzw. 1 zu setzen, da der t^{te} Januar eines Schaltjahres nicht $t - 3 + z + \dfrac{z}{4}$, sondern nur $t - 3 + z + \left(\dfrac{z}{4} - 1\right)$ Tage nach dem Sonntag (4. Januar des Jahres 0) liegt. Für den gregorianischen Stil ist noch die Sonnengleichung, nämlich die oben berechnete Zahl s, zu beachten; hier ist somit der $(m - [(z + \frac{z}{4} - s) : 7]_r)^{te}$ oder der $([(m + h - i - \frac{i}{4} + s) : 7]_r)^{te}$ Tag ein Sonntag.[1] Für die Osterberechnung kommt nur der März in Betracht, indem wir überall der Einfachheit wegen auch die Tage des April fortzählend als Märztage bezeichnen; es ist also

im julianischen Stil der $(0 - [(z + \frac{z}{4}) : 7]_r)$ oder $[(h - i - \frac{i}{4}) : 7]_r^{te}$ $\Big\}$ März

im gregor. Stil der $(0 - [(z + \frac{z}{4} - s) : 7]_r)$ oder $[(h - i - \frac{i}{4} + s) : 7]_r^{te}$ $\Big\}$ ein Sonntag.

Es ist aber auch, wenn der $(21 + d)^{te}$ März die Ostergrenze ist, der $(21 + d + e)^{te}$ März ein Sonntag, nämlich Ostern, wobei e = 1, 2 ··· 7 ist, oder der $(22 + d + e)^{te}$ März, wobei e = 0, 1 ··· 6, also < 7 ist. Da beide Daten sich nur durch die keine Veränderung des Wochentages bewirkenden vollen Wochen unterscheiden, so müssen nach deren Ausscheiden, d. h. nach der Division mit 7, die verbleibenden Reste gleich sein.[2] Somit ist

$$[(22 + d + e) : 7]_r = [\left(0 - z - \frac{z}{4}\right) : 7]_r \text{ oder } = [\left(h - i - \frac{i}{4}\right) : 7]_r,$$

daher, da e < 7 ist,

$$[(22 + d) : 7]_r + e = [\left(0 - z - \frac{z}{4}\right) : 7]_r \text{ usw., daher}$$

$$e = [(0 - z - \frac{z}{4} - d - 22) : 7]_r \text{ usw., oder}$$

$$= [(6 - z - \frac{z}{4} - d) : 7]_r \text{ oder } = [(6 + h - i - \frac{i}{4} - d) : 7]_r.$$

In gleicher Weise wird bei den anderen Ostergrenzformeln e bestimmt, was wir hier nicht genauer ausführen. Im gregorianischen Kalender ist noch die Sonnengleichung s zu berücksichtigen, so dass hier ist

$$e = [(6 + s - z - \frac{z}{4} - d) : 7]_r \text{ oder } = [(6 + s + h - i - \frac{i}{4} - d) : 7]_r.$$

---

[1] Es ist letzteres dieselbe Berechnungsweise, die Bremiker in seiner Tafel 5stelliger Logarithmen (Berlin, Weidmann) S. 166 in tabellarischer Form vorführt. Meine Zahl $\left(-i - \frac{i}{4}\right)$ ist gleich der Bremikerschen Zahl m, und meine Summe m + h oder m + h + s ist = n + 1 bei Bremiker. Weshalb dieser die aus der Theorie sich ergebenden Einzelwerte von 1 und n geändert hat, ist mir nicht ersichtlich.

[2] Beispiel: Der 8. und 29. März fallen auf denselben Wochentag; beide Daten unterscheiden sich durch die drei dazwischenliegenden Wochen, und es ist $\left(\frac{8}{7}\right)_r = \left(\frac{29}{7}\right)_r = 1$.

Indem wir diese Formel mit den drei ausgewählten Ostergrenzberechnungen verbinden, ergeben sich folgende Osterformeln:

VII. 1. $\qquad\qquad\qquad\qquad\qquad\qquad\qquad\qquad$ z : 19, Rest a

2. julianisch: $\qquad\qquad\qquad\qquad\qquad$ (19a + 15) : 30, „ d

$\quad$ gregorianisch: $\qquad\qquad\qquad\quad$ (19a + 15 + u) : 30, „ d

3. jul.: $\qquad\qquad$ $(6 - z - \frac{z}{4} - d) : 7$ oder $(6 + h - i - \frac{i}{4} - d) : 7$, „ e

$\quad$ gregor.: $(6 + s - z - \frac{z}{4} - d) : 7$ oder $(6 + s + h - i - \frac{i}{4} - d) : 7$, „ e,

$$\text{Ostern am } (22 + d + e)^{\text{ten}} \text{ März.}$$

Beispiele: Rafael starb am Karfreitag 1520. Datum? a = 0, d = 15, e = 2, daher Ostern am $(22 + 15 + 2)^{\text{ten}}$ März = 8. April; Karfreitag am 6. April. — Ostern 1907 (gregorianisch)? a = 7, d = 7, e = 2, Ostern am $(22 + 7 + 2) = 31$. März.

VIII. 1. $\qquad\qquad\qquad\qquad\qquad\qquad\qquad\qquad$ z : 19, Rest a

2. julianisch: $\qquad\qquad\qquad\qquad\qquad$ (11a + 14) : 30, „ ε

$\quad$ gregorianisch: $\qquad\qquad\qquad\quad$ (11a + 14 − u) : 30, „ ε

3. jul.: $\qquad\qquad$ $\left(5 + \varepsilon - z - \frac{z}{4}\right) : 7$ oder $\left(5 + \varepsilon + h - i - \frac{i}{4}\right) : 7$, „ e

$\quad$ gregor.: $\left(5 + s + \varepsilon - z - \frac{z}{4}\right) : 7$ oder $\left(5 + s + \varepsilon + h - i - \frac{i}{4}\right) : 7$, „ e

$$\text{Ostern am } (51 - \varepsilon + e)^{\text{ten}} \text{ März.}$$

Beispiele: Kaiser Konstantin der Grosse starb zu Pfingsten 337 nach Chr. Datum? — a = 14, ε = 18, e = 1, Ostern am $(51 - 18 + 1)^{\text{ten}}$ März = 3. April. Pfingsten am $(3 + 49)^{\text{ten}}$ April = 22. Mai. — Wann Ostern 1909 (gregorianisch)? a = 9, ε = 14, e = 5, Ostern am $(51 - 14 + 5)^{\text{ten}}$ März = 11. April.

IX. 1. $\qquad\qquad\qquad\qquad\qquad\qquad\qquad\qquad$ z : 19, Rest a

2. julianisch: $\qquad\qquad\qquad\qquad\qquad$ (11a + 8) : 30, „ E

$\quad$ gregoranisch: $\qquad\qquad\qquad\quad$ (11a + 8 − u) : 30, „ E

3. jul.: $\qquad\qquad$ $\left(4 + E - z - \frac{z}{4}\right) : 7$ oder $\left(4 + E + h - i - \frac{i}{4}\right) : 7$, „ e

$\quad$ gregor.: $\left(4 + s + E - z - \frac{z}{4}\right) : 7$ od. $\left(4 + s + E + h - i - \frac{i}{4}\right) : 7$, „ e

$$\text{Ostern am } (45 - E + e)^{\text{ten}} \text{ März};$$

jedoch wenn E > 23 ist, dann muss statt E der Wert E − 30, folglich statt (− E) die Zahl (− E + 30) gesetzt werden.

$\quad$ Beispiele: Wann Ostern 1908 (gregorianisch)? a = 8, E = 27, e = 2, Ostern am $(45 - 27 + 30 + 2)^{\text{ten}}$ März = 19. April. — Eine Urkunde des Kaisers Karl IV. ist datiert: „Romae a. d. 1355 ... Nonis April. in die Resurectionis dominicae, quo fuimus Imperiali dyademate coronati." Ist das Datum richtig? a = 6, E = 14, e = 5, Ostern am $(45 - 14 + 5)^{\text{ten}}$ März = 5. April.

d.

Wenn wir in der vorigen Gleichung $t = 3 - \left[\left(z + \frac{z}{4}\right) : 7\right]_r$ oder $= 3 - (z : 7)_r - \left(\frac{z}{4} : 7\right)$

die Ganzzahl des Quotienten $\frac{z}{4} = q$ und den Rest $(z : 4)_r = b$ setzen, so ist

$$z = 4q + b,$$
$$8q = 2z - 2b,$$
$$(q : 7)_r \text{ oder } \left(\frac{z}{4} : 7\right)_r = 2\left(\frac{z}{7}\right)_r - 2b,$$
$$t = 3 - \left(\frac{z}{7}\right)_r - 2\left(\frac{z}{7}\right)_r + 2b, \text{ oder, indem } \left(\frac{z}{7}\right)_r = c \text{ gesetzt wird,}$$
$$= 3 - 3c + 2b \text{ oder, indem man 7 c addiert,}$$
$$= 3 + 2b + 4c.$$

Hiernach ist der $(2b + 4c + 3)^{te}$ Januar, der $(2b + 4c)^{te}$ Februar und März, usw. ein Sonntag. Setzen wir, wie oben, statt der Zahl 3 oder 0 usw. das Zeichen m, so ist, allgemein ausgedrückt, der

$$(2b + 4c + m)^{te} \text{ Tag ein Sonntag.}$$

Für m ergeben sich die oben (S. 57) angegebenen Werte.

Es ist demnach der $(2b + 4c)^{te}$ und der $(22 + d + e)^{te}$ März ein Sonntag. Hieraus ergibt sich durch Anwenden des vorhin (S. 58) angegebenen Verfahrens

$$[(22 + d + e) : 7]_r = [(2b + 4c) : 7]_r, \text{ daraus}$$
$$e = [(2b + 4c - d - 22) : 7]_r, \text{ oder}$$
$$\text{julianisch: } e = [(2b + 4c + 6d + 6) : 7]_r,$$
$$\text{gregorianisch: } e = [(2b + 4c + 6d + 6 + s) : 7]_r.$$

Bringen wir diesen Wert mit den drei gewählten Ostergrenzberechnungen in Verbindung, so entstehen drei weitere Formeln:

X. Zunächst die Gausssche Osterformel, die so ausgedrückt werden kann: Es ergebe die Division

1.	$z : 19$ den Rest	a
2.	$z : 4$ „ „	b
3.	$z : 7$ „ „	c
4. julianisch:	$(19a + 15) : 30$ „ „	d
gregorianisch:	$(19a + 15 + u) : 30$ „ „	d
5. jul.:	$(2b + 4c + 6d + 6) : 7$ „ . „	e
gregor:	$(2b + 4c + 6d + 6 + s) : 7$ „ „	e,

dann ist Ostern am $(22 + d + e)^{ten}$ März.

Beispiele: Am Ostermontag 1707 (gregor.) siegte der französische Marschall Berwick bei Almanza in Spanien über das englisch-portugiesische Heer. Monatstag? — $a = (1707 : 19)_r = 16$; $b = 3$, $c = 6$; $d = [(16 \cdot 19 + 15 + 8) : 30]_r = 27$; $e = [(2 \cdot 3 + 4 \cdot 6 + 6 \cdot 27 + 6 + 11) : 7]_r = 6$; Ostern am $(22 + 27 + 6)^{ten}$ März = 24. April, Montag der 25. April. — König Friedrich Wilhelm III. starb am Pfingstfest 1840. Datum? — $a = 16$, $b = 0$, $c = 6$, $d = 27$, $e = 1$; Ostern am $(22 + 27 + 1)^{ten}$ März = 19. April; Pfingsten am $(19 + 49)^{ten}$ April = 7. Juni.

XI.

1.	$(z : 19)_r = a$	
2.	$(z : 4)_r = b$	
3.	$(z : 7)_r = c$	
4. julianisch:	$[(11a + 14) : 30]_r = \varepsilon$	
gregorianisch:	$[(11a + 14 - u) : 30]_r = \varepsilon$	

5. jul.: $\qquad$ $[(2b+4c+\varepsilon+5):7]_r = e$

gregor.: $\qquad$ $[(2b+4c+\varepsilon+5+s):7]_r = e$,

Ostern am $(51-\varepsilon+e)^{\text{ten}}$ März.

Beispiele: Die „sizilianische Vesper" (Ermordung der Franzosen in Palermo) fand am Ostermontag 1282 zur Vesperzeit statt. Datum? — 1282:19, Rest 9, 1282:4, Rest 2, 1282:7, Rest 1, $(11 \cdot 9 + 14):30$, Rest 23, $(2 \cdot 2 + 4 \cdot 1 + 23 + 5):7$, Rest 1, Ostern also am $(51-23+1) = 29$. März; die Ermordung geschah am 30. März 1282. — Ostern 1908 (gregorianisch)? $a = 8$, $b = 0$, $c = 4$, $\varepsilon = 3$, $e = 2$, Ostern am $(51-3+2)^{\text{ten}}$ März = 19. April.

XII. 1. $\qquad$ $z:19$, Rest a

2. $\qquad$ $z:4$, „ b

3. $\qquad$ $z:7$, „ c

4. julianisch: $\qquad$ $(11a+8):30$, „ E

gregorianisch: $\qquad$ $(11a+8-u):30$, „ E

5. jul.: $\qquad$ $(2b+4c+E+4):7$, „ e

gregor.: $\qquad$ $(2b+4c+E+4+s):7$, „ e,

Ostern am $(45-E+e)^{\text{ten}}$ März.

Hier ist aber zu beachten (s. oben S. 40), dass, wenn E (die Epakte) grösser als 23 ist, statt $(-E)$ der Wert $(-E+30)$, folglich statt E der Wert $(E-30)$ gesetzt werden muss.

Beispiel: Kaiser Friedrich III. schreibt in seinem Tagebuch: „An dem Liechtmess Tag unser Fraw 1440 pin ich zu romisen Kunig erbelt worden, und die Potschafft ist mir kommen an dem Fasang Tag, der ist gebesen an den achteden Tag nach unser Frawen der Liechtmess, und ist Sand Apolonie Tag an denselben Fasang Tag gebesen." — Stimmen diese Zeitangaben überein? — 1440:19, Rest 15; 1440:4, Rest 0; 1440:7, Rest 5; $(11 \cdot 15 + 8):30$, Rest 23; $(2 \cdot 0 + 4 \cdot 5 + 23 + 4):7$, Rest 5; Ostern am $(45-23+5) = 27$. März. Fastnachtdienstag 47 Tage vorher am 9. Februar, dem Tage der hl. Apollonia.

Von allen Formeln sind die einfachsten und bequemsten Nr. II und III. Aber wie sonst so oft, kann man auch hier sagen: Das Alte ist das beste. Am leichtesten findet man das Osterdatum, indem man nach dem Vorgang der Alexandriner und des Dionysius vermittelst der Epakte δ die Ostergrenze berechnet und dann deren Wochentag (anstatt der Konkurrente bei Dionysius) durch die erste Art der Wochentagsberechnung ermittelt. Zwei Beispiele: Wann Ostern 1913 (gregor.)? — $a = 13$, $\delta = [(11 \cdot 13 - 9):30]_r = 14$, daher die Ostergrenze der $(36-14) = 22$. März. $1+1 +6+3-4 = 7$ oder 0; daher der 22. März Samstag, Ostern am 23. März. — Ostern 1943 (gregor.)? — $a = 5$, $\delta = [(11 \cdot 5 - 9):30]_r = 16$; Vollmond am $(36-16) = 20$. März, Ostervollmond aber 30 Tage später am 50. März. $1+1+1+3-4 = 2$, der 50. März Montag, somit Ostern am 56. März = 25. April.

* * *

Man nennt gewöhnlich die in der 4. Division der Gaussschen Formel vorkommende Zahl 15 bzw. $15 + u$ M und die in der 5. Division stehende Zahl 6 bzw. $6 + s$ N und gibt dann deren wechselnde Werte für die einzelnen Jahrhunderte an. Die Einprägung dieser Zahlen ist eine unnötige Belästigung des Gedächtnisses und führt gern zu einem Irrtum. Viel leichter lassen sich die Werte von u und s behalten. Für solche aber, die derartige Gedächtnissachen lieben, setze ich die Werte von (15 + u), (14 — u) und (8 — u) her, während 6 + s nicht angegeben wird. Es ist

15 + u	14 — u	8 — u	in der Zeit von
22	7	1	1583—1699
23	6	0	1700—1899
24	5	— 1 od. + 29	1900—2199
25	4	— 2 od. + 28	2200—2299 und 2400—2499
26	3	— 3 od. + 27	2300—2399 und 2500—2599
27	2	— 4 od. + 26	2600—2899
28	1	— 5 od. + 25	2900—3099
29	0	— 6 od. + 24	3100—3399
30 od. 0	— 1 od. + 29	— 7 od. + 23	3400—3499 und 3600—3699
31 od. 1	— 2 od. + 28	— 8 od. + 22	3500—3599 und 3700—3799

Ausnahmen im gregorianischen Stil: Da hier mit der Ostergrenze am 19. April und 18. April gerechnet ist, so sind die zwei oben S. 34 f. besprochenen Sonderbestimmungen im gregorianischen Kalender zu beachten:

1. Liefert die Rechnung den 26. April, so wird Ostern stets am 19. April gefeiert, indem die Ostergrenze vom 19. auf den 18. April zurückgesetzt, d von 29 in 28, s von 0 in 1 und E von 24 in 25 verwandelt wird, z. B. in den Jahren 1609, 1981.

2. Ergibt die Rechnung den 25. April und zwar durch d = 28, durch ε = 1, durch E = 25, d. h. durch Vollmond am 18. April, dann wird Ostern auf den 18. April verlegt, falls a > 10 (somit die goldene Zahl grösser als 11) ist, indem die Ostergrenze vom 18. auf den 17. April zurückdatiert und die genannten Zahlen in 27, 2 und 26 verwandelt sind, z. B. in den Jahren 1954, 2049. — In den zwei anderen Fällen, die den 25. April geben, ist dieses Datum festzuhalten, z. B. im Jahre 1886 (d = 28, ε = 1, E = 25, d. h. Ostergrenze 18. April, aber a = 5), im Jahre 1943 (d = 29, ε = 0, E = 24, d. h. Ostergrenze der 19. April).

Zusätze.

Da alle Cyklen, auch unser bürgerliches Jahr von 365 oder 366 Tagen, nur mit ganzen Tagen operieren, die Gestirne uns aber nicht den Gefallen erweisen, dass ihre Umlaufszeit genau volle Tage (ohne den Überschuss von Stunden, Minuten und Sekunden) ausmacht, so stimmt die cyklische Berechnung der Gestirnserscheinungen, auch wenn sie noch so sorgfältig geregelt ist, mit der astronomischen nie genau überein. Selbst die sehr sorgfältigen Sonnen- und Mondtafeln von Largeteau (Paris 1843) und die Schramschen Hilfstafeln für Chronologie (Wien 1882, Neudruck 1883) liefern Resultate, die im ungünstigen Falle um einige Stunden von der astronomischen Wirklichkeit abweichen.[1] Grösser sind natürlich die Ab-

---

[1] Ein noch stärkeres Abweichen zeigen andere cyklische Berechnungsarten, z. B. der Mondkalender in Schuberts Mathematische Mussestunden (Leipzig 1898) S. 254 ff. oder die Mondtabelle in Kürschners Jahrbuch, 1907, S. 3.

weichungen der hier angewandten cyklischen Berechnung. Da hier nur das Datum des Vollmondes, nicht auch Stunde und Minute gesucht wird, so entstehen bei den Ostergrenzen Verschiedenheiten im gregorianischen Stil um 1 Tag, im julianischen sogar um mehrere Tage. Nachstehend geben wir eine vergleichende Übersicht der cyklischen und astronomischen Ostergrenzen für die Jahre 1881 bis 1907 gregorianischen Stils: [1]

Ostergrenzen der Jahre 1881—1907													
Jahr	1881	82	83	84	85	86	87	88	89	90	91	92	93	1894
cykl.	13. A.	2. A.	22. M.	10. A.	30. M.	18. A.	7. A.	27. M.	15. A.	4. A.	24. M.	12. A.	1. A.	21. M.
astron.	14. A.	3. A.	23. M.	10. A.	30. M.	18. A.	8. A.	28. M.	15. A.	4. A.	25. M.	12. A.	1. A.	21. M.

Jahr	1895	96	97	98	99	1900	01	02	03	04	05	06	1907
cykl.	9. A.	29. M.	17. A.	6. A.	26. M.	14. A.	3. A.	23. M.	11. A.	31. M.	{20. M. / 19. A.}	8. A.	28. M.
astron.	9. A.	29. M.	17. A.	6. A.	27. M.	15. A.	3. A.	24. M.	12. A.	31. M.	{21. M. / 19. A.}	9. A.	29. M.

Daraus ersieht man, dass in dem genannten Zeitraum gregorianischen Stils 14 mal die cyklischen und astronomischen Daten übereinstimmen, dass dagegen die cyklischen Daten den astronomischen 13 mal um 1 Tag vorgehen. Ein derartiges Abweichen hat für das bürgerliche Leben durchaus keine Nachteile. Auch auf die Berechnung des Ostersonntags hat es meist gar keinen Einfluss; denn dieser fällt doch auf dasselbe Datum, mag der Frühlingsvollmond auf einen Sonntag, Montag, Dienstag ... Samstag fallen. Nur dann gibt es eine Datumsverschiedenheit von einer oder mehr Wochen, wenn die astronomisch berechnete und die cyklisch berechnete Ostergrenze verschiedenen Wochen oder verschiedenen Jahreszeiten angehören. [2] In allen solchen Fällen, die sehr selten sind, hält sich die Kirche und

---

[1] S. auch die vergleichende Gegenüberstellung für die julianischen Jahre 258—277 und 304—341 bei E Schwartz a. a. O. S. 17 und 13.

[2] Daher sind auch die gegen die gregorianische Kalenderverbesserung erhobenen Bedenken praktisch bedeutungslos; sie beruhen vielfach auf irgend einem Vorurteile. Jedenfalls bietet dieselbe bis jetzt die beste, auch dem ungelehrten Manne leichtverständliche Schaltmethode. Das gregorianische Jahr hat eine Länge von 365,2425 Tagen und ist somit im Vergleich zu dem tropischen Jahr (im Mittel zu 365,242 199 6 Tagen) um 0,000 300 4 Tag zu lang; das macht in 400 Jahren einen Überschuss von 0,120 16, in 3200 Jahren von 0,961 28 Tag, in 3329 Jahren 1,000 0316 Tag aus, wobei noch die oben (S. 22) erwähnte allmähliche Abnahme des Jahres zu beachten ist; sie beträgt in 3329 Jahren 17,8702 Sekunden. Das Schwanken des tropischen Jahres ist noch nicht genau genug bekannt, um schon jetzt eine Änderung der gregorianischen Schaltmethode für das bürgerliche Jahr anzuordnen. Einstweilen muss man sich mit dieser vortrefflichen Schaltregelung begnügen. Vgl. W. Förster in der Zeitschr. Der Lotse, 1. Jhrgg. (1900), I. S. 752: Eine Änderung der Schaltregel „wird in aller Ruhe und mit den umfassendsten Gesichtspunkten geschehen können, sobald ... es der Wissenschaft gelungen sein wird, noch mehr Licht über einige noch unsichere Punkte der Grundlage der Kalenderrechnung zu erlangen."

mit ihr das bürgerliche Leben an das cyklisch festgestellte Datum der beweglichen Feste.

Einige Beispiele: Für das (julianische) Jahr 1488 kündigten alle Kalender Ostern auf den 6. April an; der cyklisch berechnete Vollmond war nämlich am 30. März, einem Sonntag. Die Astronomen hatten aber den Vollmond auf einen früheren Termin, nämlich Donnerstag den 27. März, morgens 3 Uhr, berechnet und verlangten daher die Feier des Osterfestes am 30. März. Als man schon in der Mitte der Fasten war, erhielt auch Papst Innocenz VIII. Kenntnis von diesem Streit. Aber dem kirchlichen Gebrauche gemäss, auch um die Fastenzeit nicht um eine Woche zu verkürzen, hielt er am 6. April als Tag der Osterfeier fest. — Im Jahre 1700 nahmen die Protestanten zwar die gregorianische Kalenderverbesserung, aber nicht die gregorianische Osterberechnung an, sondern bestimmten die Ostergrenze astronomisch mit Hilfe der von Kepler verfassten Rudolfinischen Mondtafeln. Infolgedessen feierten sie in den Jahren 1724 (Ostervollmond astronomisch am 8. April, Samstag, cyklisch am 9. April) und 1744 (Ostervollmond astronomisch am 28. März, Samstag, cyklisch am 29. März) acht Tage früher als die Katholiken, jene am 9. April bzw. 29. März, diese am 16. bzw. 5. April (s. oben S. 20). Abweichungen der cyklischen und astronomischen Berechnung weisen auch die Jahre 1825 und 1876 in der Weise auf, dass die verschiedenen Daten zwei Wochen angehören; ihre cyklischen Ostergrenzen sind der 2. April (Samstag) und der 9. April (Sonntag), die astronomischen der 3. April (Sonntag) und der 8. April (Samstag). Am interessantesten ist das Jahr 1905. Hier fiel der Vollmond, astronomisch bestimmt, wie in allen Kalendern angegeben war, auf den 21. März (Frühjahr), cyklisch berechnet auf den 20. März (Winter); es musste daher der nächste am 19. April (Mittwoch) eintretende Vollmond in Rechnung gestellt und somit Ostern am 23. April gefeiert werden.[1] Hätten etwa die Protestanten heute noch die astronomische Ostervollmondsbestimmung wie in der ersten Hälfte des 18. Jahrhunderts, so würden sie den 21. März zur Ostergrenze gemacht und Ostern am 26. März, also 4 Wochen vor den Katholiken, gefeiert haben.

Häufiger, ja fast beständig, ist wegen der Nichtbeachtung der Sonnen- und Mondgleichung das Abweichen der cyklischen Ostergrenzen von den astronomischen im julianischen Stil. Daher sind die julianischen Ostertage von den gregorianischen im 20. Jahrhundert (1900—1999) 74 mal verschieden; das jul. Osterfest wird nämlich 48 mal eine Woche, 5 mal (in den Jahren 1902, 1926, 1970, 1994, 1997) vier Wochen und 21 mal (in den Jahren 1907, 1910, 1913 usw.) sogar fünf Wochen nach dem gregorianischen Ostertermin gefeiert. Nur 26 mal, nämlich in den Jahren 1906, 1909, 1912, 1915, 1916, 1919, 1922, 1930, 1933, 1936, 1939, 1942, 1943, 1946, 1950, 1953, 1957, 1960, 1963, 1966, 1974, 1977, 1980, 1984, 1987 und 1990, haben beide Kalenderstile denselben Ostertag (natürlich nicht das gleiche Datum desselben).

---

[1] Diejenigen, denen die cyklische Berechnung der Monddaten unbekannt war, glaubten, dass das Osterfest des Jahres 1905 auf einen unrichtigen Tag angesetzt sei — dieserhalb wurden damals viele Anfragen an mich gerichtet — oder suchten das vermeintliche Abweichen von der sonst geltenden Osterregel auf irgend eine Weise zu erklären. Die „Kölnische Volkszeitung" (1905 Nr. 312 und 330) brachte darüber zwei grössere Artikel; der erste hat das Richtige nicht getroffen, der zweite auf Umwegen den zutreffenden Grund gefunden.

Alter des Mondes an einem beliebigen Tage.

(Nachtrag zu S. 40).

Will man das Alter des Mondes an irgend einem beliebigen Tage (diesen mitgerechnet) wissen, so benutze man zur Lösung einer solchen Frage am besten die Tabelle S. 24. Daselbst wird vermittelst der Epakte in der mit E überschriebenen Kolumne das Datum des Neumondes angegeben; man braucht nur von da bis zu dem betreffenden Tage einschliesslich weiter zu zählen, um die gewünschte Lösung zu erhalten. Beispiel: Wie alt ist der Mond am 18. und 25. Dez. 1907? — Die Epakte ist 16 (s. die früheren Erörterungen), daher (Tab. S. 24) am 5. Dez. Neumond; am 18. Dez. ist der Mond 14 Tage alt — somit an diesem Tage Vollmond, astronomisch freilich erst am 19. Dez. — ; am 25. Dez. ist der Mond 21 Tage alt.

Hat man aber keine Tabelle zur Hand, so berechne man das Alter (= A) durch folgende Formel, deren Richtigkeit ein jeder aus dem Erörterten ohne Mühe sofort erkennen wird (E bezeichnet die alexandrinisch-lilianische Epakte, t die Datumszahl; w gibt an, der wievielte Monat nach dem März der betreffende Monat ist; es ist also w = 1 für April ..., = 9 für Dezember):

$$A = [(E + t + \mu) : 30]_r.$$

Hier ist $\mu = 0$ für Januar und März,
           $= 1$ für Februar,
           $= w$ für April bis August einschliesslich,
           $= w + 1$ für September bis Dezember einschliesslich.

Im Februar, April, Juni und August ist genau darauf zu achten, ob das Datum der in diesen Monaten beginnenden Lunation angehört oder der vorhergehenden. Im ersteren Falle ist der Wert von μ um 1 zu erhöhen, also $\mu = 2$ im Februar, $= w + 1$ im April, Juni und August (wie im Sept. bis Dez. einschliesslich).

Beispiele: Wie alt der Mond am 2. Aug. 1907? — E = 16, w = 5; A = [(16+2+5):30]$_r$ = 23 Tage. — Wie alt der Mond am 30. Aug. 1907? — [(16 + 30 + [5 + 1]) : 30]$_r$ = 22 Tage. — Wie alt der Mond am 1. Nov. 1907? — 16 + 1 + 9 = 26. Somit ist der Mond am 1. Nov. 1907 genau 26 Tage alt.

ANHANG.

———•••———

Drei Tabellen zur Osterfestberechnung:

Bewegliche Feste.

Osterdaten in der Reihenfolge der Monatstage.

(Siehe die Erläuterungen S. 45 f.)

———◆———

I. Ostergrenzen

Jahrhunderte julianischen Stils

Jhdt.	00	01	02	03	04	05	06	07	08	09	10	11	12	13	14	15	16	17	18
0.. 19..	•5	25	13	2	22	10	30	18	7	27	15	4	24	12	1	21	9	29	17
1.. 20..	10	30	18	7	27	15	4	24	12	1	21	9	29	17	•5	25	13	2	22
2.. 21..	15	4	24	12	1	21	9	29	17	•5	25	13	2	22	10	30	18	7	27
3.. 22..	21	9	29	17	•5	25	13	2	22	10	30	18	7	27	15	4	24	12	1
4.. 23..	25	13	2	22	10	30	18	7	27	15	4	24	12	1	21	9	29	17	•5
5.. 24..	30	18	7	27	15	4	24	12	1	21	9	29	17	•5	25	13	2	22	10
6.. 25..	4	24	12	1	21	9	29	17	•5	25	13	2	22	10	30	18	7	27	15
7.. 26..	9	29	17	•5	25	13	2	22	10	30	18	7	27	15	-4	24	12	1	21
8.. 27..	13	2	22	10	30	18	7	27	15	4	24	12	1	21	9	29	17	•5	25
9.. 28..	18	7	27	15	4	24	12	1	21	9	29	17	•5	25	13	2	22	10	30
10.. 29..	24	12	1	21	9	29	17	•5	25	13	2	22	10	30	18	7	27	15	4
11.. 30..	29	17	•5	25	13	2	22	10	30	18	7	27	15	4	24	12	1	21	9
12.. 31..	2	22	10	30	18	7	27	15	4	24	12	1	21	9	29	17	•5	25	13
13.. 32..	7	27	15	4	24	12	1	21	9	29	17	•5	25	13	2	22	10	30	18
14.. 33..	12	1	21	9	29	17	•5	25	13	2	22	10	30	18	7	27	15	4	24
15.. 34..	17	•5	25	13	2	22	10	30	18	7	27	15	4	24	12	1	21	9	29
16.. 35..	22	10	30	18	7	27	15	4	24	12	1	21	9	29	17	•5	25	13	2
17.. 36..	27	15	4	24	12	1	21	9	29	17	•5	25	13	2	22	10	30	18	7
18.. 37..	1	21	9	29	17	•5	25	13	2	22	10	30	18	7	27	15	4	24	12

Jahre im Jahrhundert

00	01	02	03	04	05	06	07	08	09	10	11	12	13	14	15	16	17	18
19	20	21	22	23	24	25	26	27	28	29	30	31	32	33	34	35	36	37
38	39	40	41	42	43	44	45	46	47	48	49	50	51	52	53	54	55	56
57	58	59	60	61	62	63	64	65	66	67	68	69	70	71	72	73	74	75
76	77	78	79	80	81	82	83	84	85	86	87	88	89	90	91	92	93	94
95	96	97	98	99														

Jahrhunderte gregorianischen Stils

Jhdt.	00	01	02	03	04	05	06	07	08	09	10	11	12	13	14	15	16	17	18
15..	25	•12	1	21	9	29	17	6	26	14	3	23	11	31	18	8	28	16	5
16..	29	17	6	26	14	3	23	11	31	18	8	28	16	5	25	•12	1	21	9
17..	4	24	12	1	21	9	29	17	6	26	•13	2	22	10	30	18	7	27	•15
18..	9	29	17	6	26	•13	2	22	10	30	18	7	27	15	4	24	12	1	21
19..	•14	3	23	11	31	18	8	28	16	5	25	13	2	22	10	30	17	7	27
20..	18	8	28	16	5	25	13	2	22	10	30	17	7	27	•14	3	23	11	31
21..	25	13	2	22	10	30	17	7	27	•14	3	23	11	31	18	8	28	16	5
22..	31	18	8	28	•15	4	24	12	1	21	9	29	17	6	26	14	3	23	11
23..	5	25	13	2	22	10	30	18	7	27	15	4	28	12	1	21	9	29	•16
24..	9	29	17	6	26	14	3	23	11	31	18	8	28	•15	4	24	12	1	21
25..	15	4	24	12	1	21	9	29	•16	5	25	13	2	22	10	30	18	7	27
26..	22	10	30	•17	6	26	14	3	23	11	31	18	8	28	16	5	25	13	2
27..	26	14	3	23	11	31	18	8	28	16	5	25	13	2	22	10	30	•17	6
28..	31	18	8	28	16	5	25	13	2	22	10	30	•17	6	26	14	3	23	11
29..	6	26	14	3	23	11	31	•18	7	27	15	4	24	12	1	21	9	29	17
30..	11	31	•18	7	27	15	4	24	12	1	21	9	29	17	6	26	14	3	23
31..	16	5	25	13	2	22	10	30	17	7	27	15	4	24	12	1	•18	8	28
32..	22	10	30	17	7	27	15	4	24	12	1	•18	8	28	16	5	25	13	2
33..	27	15	4	24	12	1	•18	8	28	16	5	25	13	2	22	10	30	17	7
34..	2	•21	9	29	17	6	26	14	3	23	11	31	18	8	28	16	5	25	13
35..	7	27	15	4	24	12	1	21	9	29	17	6	26	14	3	•22	10	30	18
36..	11	31	18	8	28	16	5	25	13	2	•21	9	29	17	6	26	14	3	23
37..	17	6	26	14	3	•22	10	30	18	7	27	15	4	24	12	1	21	9	29
38..	•23	11	31	18	8	28	16	5	25	13	2	22	10	30	17	7	27	15	4
39..	28	16	5	25	13	2	22	10	30	17	7	27	15	4	•23	11	31	18	8
40..	2	22	10	30	17	7	27	15	4	•23	11	31	18	8	28	16	5	25	13

II. Sonntagsbuchstaben

Julianische Jahrh. — Sonntagsbuchstaben

Julianische Jahrh.						Sonntagsbuchstaben						
0..	7..	14..	21..	28..	35..	C	B	A	G	F	E	D
1..	8..	15..	22..	29..	36..	D	C	B	A	G	F	E
2..	9..	16..	23..	30..	37..	E	D	C	B	A	G	F
3..	10..	17..	24..	31..	38..	F	E	D	C	B	A	G
4..	11..	18..	25..	32..	39..	G	F	E	D	C	B	A
5..	12..	19..	26..	33..	40..	A	G	F	E	D	C	B
6..	13..	20..	27..	34..	41..	B	A	G	F	E	D	C

Auch die Konkurrenten werden gefunden, da entspricht

dem Buchstaben........	A	B	C	D	E	F	G
die Konkurrente........	6	5	4	3	2	1	0(7)
Wochentag des 24. (10.) März	Fr.	Do.	Mi.	Di.	Mo.	So.	Sa.

Jahre im Jahrhundert

00	01	02	03	—	04	05
06	07	—	08	09	10	11
—	12	13	14	15	—	16
17	18	19	—	20	21	22
23	—	24	25	26	27	—
28	29	30	31	—	32	33
34	35	—	36	37	38	39
—	40	41	42	43	—	44
45	46	47	—	48	49	50
51	—	52	53	54	55	—
56	57	58	59	—	60	61
62	63	—	64	65	66	67
—	68	69	70	71	—	72
73	74	75	—	76	77	78
79	—	80	81	82	83	—
84	85	86	87	—	88	89
90	91	—	92	93	94	95
—	96	97	98	99	—	—

Gregorianische Jahrh. — Sonntagsbuchstaben

Gregorianische Jahrh.						Sonntagsbuchstaben						
15..	19..	23..	27..	31..	35..	G	F	E	D	C	B	A
16..	20..	24..	28..	32..	36..	A	G	F	E	D	C	B
17..	21..	25..	29..	33..	37..	C	B	A	G	F	E	D
18..	22..	26..	30..	34..	38..	E	D	C	B	A	G	F

III. Osterdaten

Sonntagsbuchstabe	A	B	C	D	E	F	G
März			(21)	22	23	24	25
	26	27	28	29	30	31	1
April	2	3	4	5	6	7	8
	9	10	11	12	13	14	15
	16	17	18	19	20	21	22
	23	24	25				

Bewegliche Feste

Ostern	Wochentag des 1.(2.) Januar	Sonnt. zwischen 1.—6. Jan. einschliesslich	Sonntage nach Epiphanie	Sonntage nach Pfingsten	Septuagesima	Aschermittwoch •	Himmelfahrt	Pfingsten	Fronleichnam	1. Adventsonntag
22 m Do.	1	1	28	18 (19) i	4 (5) f	30 a	10 M	21 M	29 n
23 Mi.	1	1	28	19 (20)	5 (6)	1 M	11	22	30
24 Di.	1 (0)	1 (2)	28	20 (21)	6 (7)	2	12	23	1 d
25 Mo.	0 (1)	2	28	21 (22)	7 (8)	3	13	24	2
26 So.	1	2	28	22 (23)	8 (9)	4	14	25	3
27 Sa.	1	2	27	23 (24)	9 (10)	5	15	26	27 n
28 Fr.	1	2	27	24 (25)	10 (11)	6	16	27	28
29 Do.	1	2	27	25 (26)	11 (12)	7	17	28	29
30 Mi.	1	2	27	26 (27)	12 (13)	8	18	29	30
31 Di.	1 (0)	2 (3)	27	27 (28)	13 (14)	9	19	30	1 d
1 a Mo.	0 (1)	3	27	28 (29)	14 (15)	10	20	31	2
2 So.	1	3	27	29 (30)	15 (16)	11	21	1 j	3
3 Sa.	1	3	26	30 (31)	16 (17)	12	22	2	27 n
4 Fr.	1	3	26	31 (1 f)	17 (18)	13	23	3	28
5 Do.	1	3	26	1 (2) f	18 (19)	14	24	4	29
6 Mi.	1	3	26	2 (3)	19 (20)	15	25	5	30
7 Di.	1 (0)	3 (4)	26	3 (4)	20 (21)	16	26	6	1 d
8 Mo.	0 (1)	4	26	4 (5)	21 (22)	17	27	7	2
9 So.	1	4	26	5 (6)	22 (23)	18	28	8	3
10 Sa.	1	4	25	6 (7)	23 (24)	19	29	9	27 n
11 Fr.	1	4	25	7 (8)	24 (25)	20	30	10	28
12 Do.	1	4	25	8 (9)	25 (26)	21	31	11	29
13 Mi.	1	4	25	9 (10)	26 (27)	22	1 j	12	30
14 Di.	1 (0)	4 (5)	25	10 (11)	27 (28)	23	2	13	1 d
15 Mo.	0 (1)	5	25	11 (12)	28 (29)	24	3	14	2
16 So.	1	5	25	12 (13)	1 m	25	4	15	3
17 Sa.	1	5	24	13 (14)	2	26	5	16	27 n
18 Fr.	1	5	24	14 (15)	3	27	6	17	28
19 Do.	1	5	24	15 (16)	4	28	7	18	29
20 Mi.	1	5	24	16 (17)	5	29	8	19	30
21 Di.	1 (0)	5 (6)	24	17 (18)	6	30	9	20	1 d
22 Mo.	0 (1)	6	24	18 (19)	7	31	10	21	2
23 So.	1	6	24	19 (20)	8	1 j	11	22	3
24 Sa.	1	6	23	20 (21)	9	2	12	23	27 n
25 Fr.	1	6	23	21 (22)	10	3	13	24	28

Osterdaten in der Reihenfolge der Monatstage.

März 22: *Jul.* 319, 414, 509, 604, 851, 946, 1041, 1136, 1383, 1478, 1573, — 1668, 1915. — *Greg.* 1598, 1693, 1761, 1818, 2285, 2353, 2437, 2505, 2972, 3029, 3501, 3564.

März 23: *Jul.* 346, 357, 441, 452, 536, 699, 783, 794, 878, 889, 973, 984, 1068, 1231, 1315, 1326, 1410, 1421, 1505, 1516, — 1600, 1763, 1847, 1858, 1942, 1953. — *Greg.* 1636, 1704, 1788, 1845, 1856, 1913, 2008, 2160, 2228, 2380, 2532, 2600, 2752, 3124.

März 24: *Jul.* 300, 384, 547, 631, 642, 726, 737, 821, 832, 916, 1079, 1163, 1174, 1258, 1269, 1353, 1364, 1448, — 1611, 1695, 1706, 1790, 1801, 1885, 1896, 1980. — *Greg.* 1799, 1940, 2391, 2475, 2695, 2847, 2999.

März 25: *Jul.* 316, 395, 479, 490, 563, 574, 585, 658, 669, 680, 753, 764, 848, 927, 1011, 1022, 1095, 1106, 1117, 1190, 1201, 1212, 1285, 1296, 1380, 1459, 1543, 1554, — 1627, 1638, 1649, 1722, 1733, 1744, 1817, 1828, 1912, 1991. — *Greg.* 1663, 1674, 1731, 1742, 1883, 1894, 1951, 2035, 2046, 2103, 2187, 2198, 2255, 2266, 2323, 2334, 2407, 2418, 2491.

März 26: *Jul.* 327, 338, 411, 422, 433, 495, 506, 517, 528, 590, 601, 612, 685, 696, 775, 780, 859, 870, 943, 954, 965, 1027, 1038, 1049, 1060, 1122, 1133, 1144, 1217, 1228, 1307, 1312, 1391, 1402, 1475, 1486, 1497, 1559, 1570, 1581, — 1592, 1654, 1665, 1676, 1749, 1760, 1839, 1844, 1923, 1934. — *Greg.* 1595, 1606, 1617, 1690, 1758, 1769, 1780, 1815, 1826, 1837, 1967, 1978, 1989, 2062, 2073, 2084, 2119, 2130, 2141, 2209, 2282, 2293, 2339, 2350, 2361, 2372, 2434, 2445, 2456.

März 27: *Jul.* 343, 354, 365, 376, 438, 449, 460, 533, 544, 623, 628, 707, 718, 791, 802, 813, 875, 886, 897, 908, 970, 981, 992, 1065, 1076, 1155, 1160, 1239, 1250, 1323, 1334, 1345, 1407, 1418, 1429, 1440, 1502, 1513, 1524, — 1597, 1608, 1687, 1692, 1771, 1782, 1855, 1866, 1877, 1939, 1950, 1961, 1972. — *Greg.* 1622, 1633, 1644, 1701, 1712, 1785, 1796, 1842, 1853, 1864, 1910, 1921, 1932, 2005, 2016, 2157, 2168, 2214, 2225, 2236, 2304, 2377, 2388, 2461, 2472.

März 28: *Jul.* 308, 370, 381, 392, 465, 471, 476, 555, 560, 566, 639, 650, 661, 723, 734, 745, 756, 807, 818, 829, 840, 902, 913, 924, 997, 1003, 1008, 1087, 1092, 1098, 1171, 1182, 1193, 1255, 1266, 1277, 1288, 1339, 1350, 1361, 1372, 1434, 1445, 1456, 1529, 1535, 1540, — 1619, 1624, 1630, 1703, 1714, 1725, 1787, 1798, 1809, 1820, 1871, 1882, 1893, 1904, 1966, 1977, 1988. — *Greg.* 1655, 1660, 1717, 1723, 1728, 1869, 1875, 1880, 1937, 1948, 2027, 2032, 2100, 2179, 2184, 2252, 2309, 2315, 2320, 2399, 2404, 2483, 2494.

März 29: *Jul.* 313, 324, 403, 408, 487, 498, 571, 582, 593, 655, 666, 677, 688, 750, 761, 772, 845, 856, 935, 940, 1019, 1030, 1103, 1114, 1125, 1187, 1198, 1209, 1220, 1282, 1293, 1304, 1377, 1388, 1467, 1472, 1551, 1562, — 1635, 1646, 1657, 1719, 1730, 1741, 1752, 1814, 1825, 1836, 1909, 1920, 1999. — *Greg.* 1587, 1592, 1671, 1682, 1739, 1750, 1807, 1812, 1891, 1959, 1964, 1970, 2043, 2054, 2065, 2111, 2116, 2122, 2195, 2274, 2331, 2342, 2415, 2426, 2499.

März 30: *Jul.* 335, 340, 419, 430, 503, 514, 525, 587, 598, 609, 620, 682, 693, 704, 777, 788, 867, 872, 951, 962, 1035, 1046, 1057, 1119, 1130, 1141, 1152, 1214, 1225, 1236, 1309, 1320, 1399, 1404, 1483, 1494, 1567, 1578, — 1651, 1662, 1673, 1684, 1746, 1757, 1768, 1841, 1852, 1931, 1936. — *Greg.* 1603, 1614, 1625, 1687, 1698, 1755, 1766, 1777, 1823, 1834, 1902, 1975, 1986, 1997, 2059, 2070, 2081, 2092, 2127, 2138, 2149, 2206, 2217, 2347, 2358, 2369, 2431, 2442, 2453, 2464.

März 31: *Jul.* 351, 362, 373, 435, 446, 457, 468, 519, 530, 541, 552, 614, 625, 636, 709, 715, 720, 799, 804, 810, 883, 894, 905, 967, 978, 989, 1000, 1051, 1062, 1073, 1084, 1146, 1157, 1168, 1241, 1247, 1252, 1331, 1336, 1342, 1415, 1426, 1437, 1499, 1510, 1521, 1532, — 1583, 1594, 1605, 1616, 1678, 1689, 1700, 1773, 1779, 1784, 1863, 1868, 1874, 1947, 1958, 1969. — *Greg.* 1619, 1630, 1641, 1652, 1709, 1720, 1771, 1782, 1793, 1839, 1850, 1861, 1872, 1907, 1918, 1929, 1991, 2002, 2013, 2024, 2086, 2097, 2143, 2154, 2165, 2176, 2222, 2233, 2244, 2301, 2312, 2363, 2374, 2385, 2396, 2458, 2469, 2480.

April 1: *Jul.* 305, 367, 378, 389, 400, 462, 473, 484, 557, 568, 647, 652, 731, 742, 815, 826, 837, 899, 910, 921, 932, 994, 1005, 1016, 1089, 1100, 1179, 1184, 1263, 1274, 1347, 1358, 1369, 1431, 1442, 1453, 1464, 1526, 1537, 1548, — 1621, 1632, 1711, 1716, 1795, 1806, 1879, 1890, 1901, 1963, 1974, 1985, 1996. — *Greg.* 1584, 1646, 1657, 1668, 1714, 1725, 1736, 1804, 1866, 1877, 1888, 1923, 1934, 1945, 1956, 2018, 2029, 2040, 2108, 2170, 2181, 2192, 2238, 2249, 2260, 2306, 2317, 2318, 2401, 2412, 2485, 2496.

April 2: *Jul.* 310, 321, 332, 394, 405, 416, 489, 500, 579, 584, 663, 674, 747, 758, 769, 831, 842, 853, 864, 926, 937, 948, 1021, 1032, 1111, 1116, 1195, 1206, 1279, 1290, 1301, 1363, 1374, 1385, 1396, 1458, 1469, 1480, 1553, 1564, — 1643, 1648, 1727, 1738, 1811, 1833, 1895, 1906, 1917, 1928, 1990. — *Greg.* 1589, 1600, 1673, 1679, 1684, 1741, 1747, 1752, 1809, 1820, 1893, 1899, 1961, 1972, 2051, 2056, 2113, 2124, 2265, 2276, 2333, 2344, 2417, 2428.

April 3: *Jul.* 326, 337, 348, 421, 427, 432, 511, 516, 522, 595, 606, 617, 679, 690, 701, 712, 763, 774, 785, 796, 858, 869, 880, 953, 959, 964, 1043, 1048, 1054, 1127, 1138, 1149, 1211, 1222, 1233, 1244, 1295, 1306, 1317, 1328, 1390, 1401, 1412, 1485, 1491, 1496, 1575, 1580, — 1586, 1659, 1670, 1681, 1743, 1754, 1765, 1776, 1827, 1838, 1849, 1860, 1922, 1933, 1944. — *Greg.* 1611, 1616, 1695, 1763, 1768, 1774, 1825, 1831, 1836, 1904, 1983, 1988, 1994, 2067, 2078, 2089, 2135, 2140, 2146, 2203, 2287, 2298, 2355, 2366, 2439, 2450.

April 4: *Jul.* 359, 364, 443, 454, 527, 538, 549, 611, 622, 633, 644, 706, 717, 728, 801, 812, 891, 896, 975, 986, 1059, 1070, 1081, 1143, 1154, 1165, 1176, 1238, 1249, 1260, 1333, 1344, 1423, 1428, 1507, 1518, — 1591, 1602, 1613, 1675, 1686, 1697, 1708, 1770, 1781, 1792, 1865, 1876, 1955, 1960. — *Greg.* 1627, 1638, 1649, 1706, 1779, 1790, 1847, 1858, 1915, 1920, 1926, 1999, 2010, 2021, 2083, 2094, 2151, 2162, 2173, 2219, 2230, 2241, 2371, 2382, 2393, 2455, 2466, 2477, 2488.

April 5: *Jul.* 302, 375, 386, 397, 459, 470, 481, 492, 543, 554, 565, 576, 638, 649, 660, 733, 739, 744, 823, 828, 834, 907, 918, 929, 991, 1002, 1013, 1024, 1075, 1086, 1097, 1108, 1170, 1181, 1192, 1265, 1271, 1276, 1355, 1360, 1366, 1439, 1450, 1461, 1523, 1534, 1545, 1556, — 1607, 1618, 1629, 1640, 1702, 1713, 1724, 1797, 1803, 1808, 1887, 1892, 1898, 1971, 1982, 1993. — *Greg.* 1643, 1654, 1665, 1676, 1711, 1722, 1733, 1744, 1795, 1801, 1863, 1874, 1885, 1896, 1931, 1942, 1953, 2015, 2026, 2037, 2048, 2105, 2167, 2178, 2189, 2235, 2246, 2257, 2268, 2303, 2314, 2325, 2336, 2387, 2398, 2409, 2420, 2471, 2482, 2493.

April 6: *Jul.* 307, 318, 329, 391, 402, 413, 424, 475, 486, 497, 508, 570, 581, 592, 665, 671, 676, 755, 760, 766, 839, 850, 861, 923, 934, 945, 956, 1007, 1018, 1029, 1040, 1102, 1113, 1124, 1197, 1203, 1208, 1287, 1292, 1298, 1371, 1382, 1393, 1455, 1466, 1477, 1488, 1539, 1550, 1561, 1572, — 1634, 1645, 1656, 1729, 1735, 1740, 1819, 1824, 1830, 1903, 1914, 1925, 1987, 1998, — *Greg.* 1586, 1597, 1608, 1670, 1681, 1692, 1738, 1749, 1760, 1806, 1817, 1828, 1890, 1947, 1958, 1969, 1980, 2042, 2053, 2064, 2110, 2121, 2132, 2194, 2200, 2262, 2273, 2284, 2319, 2330, 2341, 2352, 2414, 2425, 2436.

April 7: *Jul.* 323, 334, 345, 356, 418, 429, 440, 513, 524, 603, 608, 687, 698, 771, 782, 793, 855, 866, 877, 888, 950, 961, 972, 1045, 1056, 1135, 1140, 1219, 1230, 1303, 1314, 1325, 1387, 1398, 1409, 1420, 1482, 1493, 1504, 1577, — 1588, 1667, 1672, 1751, 1762, 1835, 1846, 1857, 1919, 1930, 1941, 1952. — *Greg.* 1602, 1613, 1624, 1697, 1765, 1776, 1822, 1833, 1844, 1901, 1912, 1985, 1996, 2075, 2080, 2137, 2148, 2205, 2216, 2289, 2357, 2368, 2441, 2452.

April 8: *Jul.* 350, 361, 372, 445, 451, 456, 535, 540, 546, 619, 630, 641, 703, 714, 725, 786, 787, 798, 809, 820, 882, 893, 904, 977, 983, 988, 1067, 1072, 1078, 1151, 1162, 1173, 1235, 1246, 1257, 1268, 1319, 1330, 1341, 1352, 1414, 1425, 1436, 1509, 1515, 1520, — 1599, 1604, 1610, 1683, 1694, 1705, 1767, 1778, 1789, 1800, 1851, 1862, 1873, 1884, 1946, 1957, 1968. — *Greg.* 1635, 1640, 1703, 1708, 1787, 1792, 1798, 1849, 1855, 1860, 1917, 1928, 2007, 2012, 2091, 2159, 2164, 2227, 2232, 2300, 2379, 2384, 2390, 2463, 2474.

April 9: *Jul.* 304, 383, 388, 467, 478, 551, 562, 573, 635, 646, 657, 668, 730, 741, 752, 825, 836, 915, 920, 999, 1010, 1083, 1094, 1105, 1167, 1178, 1189, 1200, 1262, 1273, 1284, 1357, 1368, 1447, 1452, 1531, 1542, — 1615, 1626, 1637, 1699, 1710, 1721, 1732, 1794, 1805, 1816, 1889, 1900, 1979, 1984. — *Greg.* 1651, 1662, 1719, 1730, 1871, 1882, 1939, 1944, 1950, 2023, 2034, 2045, 2102, 2175, 2186, 2197, 2243, 2254, 2311, 2322, 2395, 2406, 2479, 2490.

April 10: *Jul.* 315, 320, 399, 410, 483, 494, 505, 567, 578, 589, 600, 662, 673, 684, 757, 768, 847, 852, 931, 942, 1015, 1026, 1037, 1099, 1110, 1121, 1132, 1194, 1205, 1216, 1289, 1300, 1379, 1384, 1463, 1474, 1547, 1558, 1569, — 1631, 1642, 1653, 1664, 1726, 1737, 1748, 1821, 1832, 1911, 1916, 1995. — *Greg.* 1583, 1594, 1605, 1667, 1678, 1689, 1735, 1746, 1757, 1803, 1814, 1887, 1898, 1955, 1966, 1977, 2039, 2050, 2061, 2072, 2107, 2118, 2129, 2191, 2259, 2270, 2281, 2292, 2327, 2338, 2349, 2370, 2411, 2422, 2433, 2444, 2495.

April 11: *Jul.* 331, 342, 353, 415, 426, 437, 448, 499, 510, 521, 532, 594, 605, 616, 689, 695, 700, 779, 784, 790, 863, 874, 885, 947, 958, 969, 980, 1031, 1042, 1053, 1064, 1126, 1137, 1148, 1221, 1227, 1232, 1311, 1316, 1322, 1395, 1406, 1417, 1479, 1490, 1501, 1512, 1563, 1574, — 1585, 1596, 1658, 1669, 1680, 1753, 1759, 1764, 1843, 1848, 1854, 1927, 1938, 1949. — *Greg.* 1599, 1610, 1621, 1632, 1694, 1700, 1751, 1762, 1773, 1784, 1819, 1830, 1841, 1852, 1909, 1971, 1982, 1993, 2004, 2066, 2077, 2088, 2123, 2134, 2145, 2156, 2202, 2213, 2224, 2286, 2297, 2343, 2354, 2366, 2377, 2438, 2449, 2460.

April 12: *Jul.* 347, 358, 369, 380, 442, 453, 464, 537, 548, 627, 632, 711, 722, 795, 806, 817, 879, 890, 901, 912, 974, 985, 996, 1069, 1080, 1159, 1164, 1243, 1254, 1327, 1338, 1349, 1411, 1422, 1433, 1444, 1506, 1517, 1528, — 1601, 1612, 1691, 1696, 1775, 1786, 1859, 1870, 1881, 1943, 1954, 1965, 1976. — *Greg.* 1626, 1637, 1648, 1705, 1716, 1789, 1846, 1857, 1868, 1903, 1914, 1925, 1936, 1998, 2009, 2020, 2093, 2099, 2150, 2161, 2172, 2218, 2229, 2240, 2308, 2381, 2392, 2465, 2476.

April 13: *Jul.* 301, 312, 374, 385, 396, 469, 480, 559, 564, 643, 654, 727, 738, 749, 811, 822, 833, 844, 906, 917, 928, 1001, 1012, 1091. 1096, 1175, 1186, 1259, 1270, 1281, 1343, 1354, 1365, 1376, 1438, 1449, 1460, 1533, 1544, — 1623, 1628, 1707, 1718, 1791, 1802, 1813, 1875, 1886, 1897, 1908, 1970, 1981, 1992. — *Greg.* 1653, 1659, 1664, 1721, 1727, 1732, 1800, 1873, 1879, 1884, 1941, 1952, 2031, 2036, 2104, 2183, 2188, 2245, 2251, 2256, 2313, 2324, 2403, 2408, 2487, 2498.

April 14: *Jul.* 306, 317, 328, 401, 407, 412, 491, 496, 502, 575, 586, 597, 659, 670, 681, 692, 743, 754, 765, 776, 838, 849, 860, 933, 939, 944, 1023, 1028, 1034, 1107, 1118, 1129, 1191, 1202, 1213, 1224, 1275, 1286, 1297, 1308, 1370, 1381, 1392, 1465, 1471, 1476, 1555, 1560, 1566, — 1639, 1650, 1661, 1723, 1734, 1745, 1756, 1807, 1818, 1829, 1840, 1902, 1913, 1924, 1997. — *Greg.* 1591, 1596, 1675, 1686, 1743, 1748, 1754, 1805, 1811, 1816, 1895, 1963, 1968, 1974, 2047, 2058, 2069, 2115, 2120, 2126, 2199, 2267, 2278, 2335, 2346, 2419, 2430.

April 15: *Jul.* 339, 344, 423, 434, 507, 518, 529, 591, 602, 613, 624, 686, 697, 708, 781, 792, 871, 876, 955, 966, 1039, 1050, 1061. 1123, 1134, 1145, 1156, 1218, 1229, 1240, 1313, 1324, 1403, 1408, 1487, 1498, 1571, 1592, — 1593, 1655, 1666, 1677, 1688, 1750, 1761, 1772, 1845, 1856, 1935, 1940. — *Greg.* 1607, 1618, 1629, 1691, 1759, 1770, 1781, 1827, 1838, 1900, 1906, 1979, 1990, 2001, 2063, 2074, 2085, 2096, 2131, 2142, 2153, 2210, 2221, 2283, 2294, 2351, 2362, 2373, 2435, 2446, 2457, 2468.

April 16: *Jul.* 355, 366, 377, 439, 450, 461, 472, 523, 534, 545, 556, 618, 629, 640, 713, 719, 724, 803, 808, 814, 887, 898, 909, 971, 982, 993, 1004, 1055, 1066, 1077, 1088, 1150, 1161,

1172, 1245, 1251, 1256, 1335, 1340, 1346, 1419, 1430, 1441, 1503, 1514, 1525, 1536, -- 1587, 1598, 1609, 1620, 1682, 1693, 1704, 1777, 1783, 1788, 1867, 1872, 1876, 1951, 1962, 1973. — *Greg.* 1623, 1634, 1645, 1656, 1702, 1713, 1724, 1775, 1786, 1797, 1843, 1854, 1865, 1876, 1911, 1922, 1933, 1995, 2006, 2017, 2028, 2090, 2147, 2158, 2169, 2180, 2215, 2226, 2237, 2248, 2299, 2305, 2316, 2367, 2378, 2389, 2400, 2451, 2462, 2473, 2484.

April 17: *Jul.* 309, 371, 382, 393, 404, 466, 477, 488, 561, 572, 651, 656, 735, 746, 819, 830, 841, 903, 914, 925, 936, 998, 1009, 1020, 1093, 1104, 1183, 1188, 1267, 1278, 1351, 1362, 1373, 1435, 1446, 1457, 1468, 1530, 1541, 1552, — 1625, 1636, 1715, 1720, 1799, 1810, 1883, 1894, 1905, 1967, 1978, 1989, 2000. — *Greg.* 1588, 1650, 1661, 1672, 1718, 1729, 1740, 1808, 1870, 1881, 1892, 1927, 1938, 1949, 1960, 2022, 2033, 2044, 2101, 2112, 2174, 2185, 2196, 2242, 2253, 2264, 2310, 2321, 2332, 2294, 2405, 2416, 2489.

April 18: *Jul.* 303, 314, 325, 336, 398, 409, 420, 493, 504, 583, 588, 667, 678, 751, 762, 773, 835, 846, 857, 868, 930, 941, 952, 1025, 1036, 1115, 1120, 1199, 1210, 1283, 1294, 1305, 1367, 1378, 1389, 1400, 1462, 1473, 1484, 1557, 1568, — 1647, 1652, 1731, 1742, 1815, 1826, 1837, 1899, 1910, 1921, 1932, 1994. — *Greg.* 1593, 1604, 1677, 1683, 1688, 1745, 1756, 1802, 1813, 1824, 1897, 1954, 1965, 1976, 2049, 2055, 2060, 2106, 2117, 2128, 2269, 2275, 2280, 2337, 2348, 2421, 2427, 2432, 2500.

April 19: *Jul.* 330, 341, 352, 425, 431, 436, 515, 520, 526, 599, 610, 621, 683, 694, 705, 716, 767, 778, 789, 800, 862, 873, 884, 957, 963, 968, 1047, 1052, 1058, 1131, 1142, 1153, 1215, 1226, 1237, 1248, 1299, 1310, 1321, 1332, 1394, 1405, 1416, 1489, 1495, 1500, 1579, — 1584, 1590, 1663, 1674, 1685, 1747, 1758, 1769, 1780, 1831, 1842, 1853, 1864, 1926, 1937, 1948. — *Greg.* 1609, 1615, 1620, 1699, 1767, 1772, 1778, 1829, 1835, 1840, 1908, 1981, 1987, 1992, 2071, 2076, 2082, 2133, 2139, 2144, 2201, 2207, 2212, 2291, 2296, 2359, 2364, 2443, 2448, 2454.

April 20: *Jul.* 363, 368, 447, 458, 531, 542, 553, 615, 626, 637, 648, 710, 721, 732, 805, 816, 895, 900, 979, 990, 1063, 1074, 1085, 1147, 1158, 1169, 1180, 1242, 1253, 1264, 1337, 1348, 1427, 1432, 1511, 1522, — 1595, 1606, 1617, 1679, 1690, 1701, 1712, 1774, 1785, 1796, 1869, 1880, 1959, 1964. — *Greg.* 1631, 1642, 1710, 1783, 1794, 1851, 1862, 1919, 1924, 1930, 2003, 2014, 2025, 2087, 2098, 2155, 2166, 2177, 2223, 2234, 2302, 2375, 2386, 2397, 2459, 2470, 2481.

April 21: *Jul.* 379, 390, 463, 474, 485, 558, 569, 580, 653, 664, 748, 827, 911, 922, 995, 1006, 1017, 1090, 1101, 1112, 1185, 1196, 1280, 1359, 1443, 1454, 1527, 1538, 1549, — 1622, 1633, 1644, 1717, 1728, 1812, 1891, 1975, 1986. — *Greg.* 1585, 1647, 1658, 1669, 1680, 1715, 1726, 1737, 1867, 1878, 1889, 1935, 1946, 1957, 2019, 2030, 2041, 2052, 2109, 2171, 2182, 2193, 2239, 2250, 2261, 2272, 2307, 2318, 2329, 2402, 2413, 2422, 2486, 2497.

April 22: *Jul.* 311, 322, 333, 406, 417, 428, 501, 512, 596, 675, 759, 770, 843, 854, 865, 938, 949, 960, 1033, 1044, 1128, 1207, 1291, 1302, 1375, 1386, 1397, 1470, 1481, 1492, 1565, 1576, — 1660, 1739, 1823, 1834, 1907, 1918, 1929. — *Greg.* 1590, 1601, 1612, 1685, 1696, 1753, 1764, 1810, 1821, 1832, 1962, 1973, 1984, 2057, 2068, 2114, 2125, 2136, 2204, 2277, 2288, 2315, 2356, 2429, 2440.

April 23: *Jul.* 349, 360, 444, 607, 691, 702, 786, 797, 881, 892, 976, 1139, 1223, 1234, 1318, 1329, 1413, 1424, 1508, — 1671, 1755, 1766, 1850, 1861, 1945, 1956. — *Greg.* 1628, 1848, 1905, 1916, 2000, 2079, 2152, 2220, 2671, 2744, 2823, 2975.

April 24: *Jul.* 455, 539, 550, 634, 645, 729, 740, 824, 987, 1071, 1082, 1166, 1177, 1261, 1272, 1356, 1519, — 1603, 1614, 1698, 1709, 1793, 1804, 1888. — *Greg.* 1639, 1707, 1791, 1859, 2011, 2095, 2163, 2231, 2383, 2467, 2478, 2535, 2603, 2687, 2698, 2755, 2839, 2850, 2907, 2918.

April 25: *Jul.* 387, 482, 577, 672, 919, 1014, 1109, 1204, 1451, 1546, — 1641, 1736, 1983, 2076, 2173, 2268, 2515, 2610, 2705, 2800. — *Greg.* 1666, 1734, 1886, 1943, 2038, 2190, 2258, 2326, 2410, 2573, 2630, 2782, 2877, 2945.